Esperando con alegre esperanza

*Reflexiones diarias para
Adviento y Navidad
2022–2023*

Mary DeTurris Poust

Traducido por
Luis Baudry-Simón

LITURGICAL PRESS

Collegeville, Minnesota

www.litpress.org

Nihil Obstat: Rev. Robert C. Harren, J.C.L., *Censor Deputatus*
Imprimátur: ✛ Most Reverend Donald J. Kettler, J.C.L., Bishop of
Saint Cloud, January 27, 2022.

Diseño de portada por Monica Bokinskie.
Arte de portada cortesía de Getty Images.

ISSN: 2689-5552 (edición impresa); 2689-5560 (edición en línea)
ISBN: 978-0-8146-6747-7   978-0-8146-6749-1 (ebook)

Introducción

De vez en cuando, cuando necesito un recordatorio sobre la importancia de saber esperar, saco una grabación del teólogo Henri J.M. Nouwen dando una conferencia sobre el tema. Y aunque he escuchado la grabación al menos una docena de veces, cada vez que la pongo, siento alivio y mi respiración se hace más lenta al escuchar la voz de Henri, con su fuerte acento holandés y un poco apagada en la grabación rayada, y me empapo de su mensaje, que llega justo para este tiempo de Adviento.

En *Una espiritualidad de la espera: Estar atentos a la presencia de Dios en nuestras vidas*, Henri se enfoca en las personas que esperan en el Evangelio de Lucas y, como sucede, en el Adviento y la Navidad: Zacarías, Isabel, María, Simeón, Ana. "La espera nunca es un movimiento desde la nada hacia algo; es siempre un movimiento de algo hacia más", dice Nouwen. "Si realmente piensas en Zacarías y en María y en Isabel, te das cuenta de que vivían con una promesa que los nutría, que los alimentaba, que los hacía capaces de quedarse donde estaban para que pudiera crecer, para que pudiera desarrollarse".

Una persona que espera, en opinión de Henri, es alguien que está "muy presente en el momento, que cree que este momento es EL momento".

Ninguna de esas cosas, esperar o estar presente en el momento, es una propuesta fácil. Nuestro mundo exige que llenemos nuestros días con más de lo que podemos manejar.

"Hacer", no "ser", es el mantra de nuestros tiempos. Y esperar, en cualquiera de sus formas, parece una pérdida de tiempo. En los consultorios médicos, en las filas de las tiendas, en las esperas con el servicio al cliente, todo es un fastidio para la mayoría de nosotros. Sin mencionar el dolor que conlleva la dura espera: del diagnóstico, de la llamada de un ser querido, de la oferta laboral. Ahora que estamos en la cúspide del Adviento, ¿podemos vernos a nosotros mismos como personas que esperan, llenas de confianza y promesa en lugar de impaciencia o miedo?

El tiempo de Adviento nos invita a dejar a un lado las costumbres del mundo y a sumergirnos en la bondad lenta de un tiempo espiritual adornado no con oropeles y lazos, sino con el silencio y el vacío, con las tenues luces parpadeantes contra un cielo invernal sombrío y con la luz que sabemos que abrirá nuestro mundo y superará su oscuridad para siempre en la mañana de Navidad.

A medida que avanzas por las páginas de este libro, recuerda que las personas que esperan en nuestra historia de fe nos acompañan. Nos ofrecen inspiración y recordatorios poderosos de que a menudo es en la espera cuando descubrimos quiénes somos realmente y quiénes nos ha llamado a ser Dios. Sí, la espera es a menudo la parte más difícil, pero si esperamos con esperanza, descubriremos que la espera es también la parte más transformadora. Espera conmigo este Adviento, y observa lo que Dios tiene preparado.

PRIMERA SEMANA DE ADVIENTO

27 de noviembre: Primer domingo de Adviento

Valientes en nuestros miedos

Lecturas: Is 2, 1-5; Rom 13, 11-14; Mt 24, 37-44

Escritura:
Desechemos, pues, las obras de las tinieblas y revistámonos con las armas de la luz. (Rom 13, 12b)

Reflexión: Frente a la puerta de mi oficina hay una imagen de Santa Juana de Arco con armadura completa, sobre la que se encuentra una paráfrasis popular de su grito de guerra: "No tengo miedo. Yo nací para esto". En realidad, a menudo tengo miedo, y por eso cuento con la fuerza y determinación de Juana para levantarme cuando flaqueo. Tendemos a pensar que Juana de Arco y otros a lo largo de la historia de nuestra fe fueron más valientes que el resto de nosotros, dispuestos a "vestirse con la armadura de la luz" y asumir cosas que no podríamos imaginar. Puede que nos sintamos más en consonancia con la gran escritora gótica sureña Flannery O'Connor, que bromeó en uno de sus relatos cortos: "Creo que podría ser una mártir si me mataran rápido".

Al entrar en el tiempo de Adviento, no nos encontramos con las luces parpadeantes y el ambiente festivo de la versión secular de este tiempo, sino con la dura verdad y el ominoso recordatorio de lo que significa creer en un salvador que vino al mundo como un bebé en un pesebre y murió en una cruz. No necesitamos la armadura brillante de Juana cuando se lanzó a la batalla física, sino la armadura de Cristo, la espada y el escudo de una salvación ganada para nosotros mediante su sufrimiento. Hay oscuridad por todas partes: en las primeras noches fuera de nuestra ventana, en los titulares de las noticias locales y en el extranjero, en las profundidades de nuestras almas donde luchamos por encontrar nuestro camino. Pero hoy se nos desafía a abandonar esa oscuridad y volver hacia la luz que será la única armadura que necesitemos para hacer aquello para lo que hemos nacido.

Meditación: Aunque sabemos desde el plano intelectual que cualquier día puede ser el último, no nos gusta pensar en ello. Pero meditar sobre nuestra mortalidad no es morboso; a menudo es todo lo contrario. Encuentra hoy unos minutos para reflexionar sobre esta verdad y deja que inspire tus pensamientos, palabras y acciones.

Oración: Señor de Vida Eterna, mientras avanzamos en los días y semanas del Adviento, haz que volvamos continuamente a tu promesa de salvación en medio del entusiasmo y la anticipación de este tiempo. Queremos vivir en y para ti.

28 de noviembre:
Lunes de la primera semana de Adviento

Dispuestos, no perfectos

Lecturas: Is 4, 2-6; Mt 8, 5-11

Escritura:
Pero el oficial le replicó: "Señor, yo no soy digno de que entres en mi casa; con que digas una sola palabra, mi criado quedará sano". (Mt 8, 8)

Reflexión: La visión de una nube de tormenta oscura y amenazante a la distancia puede ponernos nerviosos si no estamos cerca de un refugio. Inmediatamente recorremos una lista de control mental: ¿Hoy hubo una alerta meteorológica? ¿Hay peligro de tornado? ¿Tengo mi paraguas? ¿Cerré las ventanas de la casa? Aún cuando la tormenta que se avecina está totalmente fuera de nuestro alcance, intentamos controlar un poco la situación. Es como si pudiéramos ofrecernos a nosotros mismos y a nuestros seres queridos protección mediante el poder de nuestra propia preocupación.

En las lecturas de hoy, sin embargo, se nos recuerda que la fe no consiste en resolver todo por nuestra cuenta, sino en dejar de lado la necesidad de controlar, soltar y confiar en que Dios está al mando, aunque seamos nosotros los que conduzcamos por la autopista. En la primera lectura de Isaías, respiramos con alivio al escuchar que la gloria de Dios será nuestro refugio y protección sin importar lo que venga hacia nosotros. No se necesita una lista de control. Pero ¿lo creemos? Luego, en el Evangelio, una historia de sanación que conocemos tan bien y las palabras del centurión colmado de fe de las que nos hacemos eco en cada liturgia antes de la comunión, vemos la última prueba de fe: creer en un milagro antes de que este ocurra, sin verlo.

El centurión no sólo nos enseña sobre la fe en Dios, sino sobre la humildad ante Dios. No somos, cada uno de nosotros, dignos de que Jesús entre en nuestras casas, en nuestras vidas, en nuestros corazones. Pero ahí está, siempre recordándonos que no necesitamos ser perfectos en nuestra fe; sólo necesitamos estar dispuestos a confiar.

Meditación: Hoy reflexiona sobre las palabras del centurión. Dilas en voz alta. Vuelve a ellas a lo largo del día. ¿Realmente crees que tu alma puede ser sanada y salvada sólo gracias a la palabra de Dios? ¿Puedes renunciar al control y simplemente confiar?

Oración: Dios, nuestro protector, sabemos que no podemos sortear solos las tormentas de esta vida, por mucho que lo intentemos. Te rogamos que seas nuestro cobijo, nuestro refugio, hoy y todos los días.

Arenas movedizas

Lecturas: Is 26, 1-6; Mt 7, 21 24-27

Escritura:
El que escucha estas palabras mías y no las pone en práctica, se parece a un hombre imprudente, que edificó su casa sobre arena. (Mt 7, 26)

Reflexión: Las lecturas de hoy hablan de muros y murallas fuertes, de cimientos robustos y de roca sólida, y, por el contrario, de arena que se derrumba y casas arruinadas, o, en un sentido espiritual, de vidas arruinadas.

A mí no me gustaría construir una casa en la arena, ya que he visto lo que le puede pasar al más pequeño castillo de arena cuando sube la marea, por muy bonitos que sean los torreones y la fachada de conchas marinas. Y ese es el centro de este problema. ¿Estamos preocupados por nuestras fachadas y los adornos superficiales que nos hacen parecer fuertes y seguros, o estamos haciendo el trabajo más profundo que no necesariamente se ve bonito en el exterior, pero que establece nuestras almas y nuestras psiques en una argamasa que no temblará incluso cuando esos vientos huracanados vengan hacia nosotros?

La piedra que los constructores desecharon llegó a ser la piedra angular; ésa fue la obra del Señor y nos dejó maravillados (Mt 21, 42). Sin una vida construida alrededor y sobre Jesús, estamos a una ola fuerte del fracaso total y la ruina. Ahora es el momento de reforzar nuestra construcción. A medida que avanzamos por el Adviento hacia la Navidad, celebrando no sólo la venida de Cristo en el pesebre, sino su regreso al final de los tiempos, somos muy conscientes de que debemos poner en orden nuestra casa espiritual.

¿Estamos escuchando, realmente escuchando, lo que Jesús tiene que decirnos? O ¿es que le hacemos caso de los dientes para afuera y esperamos que nadie se dé cuenta de que hemos construido nuestras casas sobre las arenas movedizas de un mundo inconstante?

Meditación: Vuelve a leer los pasajes de las Escrituras de hoy. Tal vez hasta léelos en voz alta. Encuentra una frase que te hable, y pasa un momento en silencio, contemplando esa frase. Vuelve a ella a lo largo del día, escuchando lo que Jesús le dice a tu corazón.

Oración: Jesús, tú eres la piedra angular de todo lo que somos y de todo lo que hacemos, la base sobre la cual queremos construir nuestro hoy, nuestro mañana y nuestra eternidad. Tú eres nuestra roca y nuestro refugio.

20/20 de espiritualidad

Lecturas: Is 29, 17-24; Mt 9:27-31

Escritura:
Los ojos de los ciegos verán
    sin tinieblas ni oscuridad; (Is 29, 18b)

Reflexión: La oscuridad y la luz, la ceguera y la vista. Las palabras de Isaías y las palabras de Jesús caen sobre nosotros, y sentimos que nuestra propia visión se vuelve más nítida. "¿Creen que puedo hacerlo?" (Mt 9, 28), les pregunta Jesús a los ciegos en el Evangelio de Mateo, y nosotros lo escuchamos como si nos estuviera haciendo esa misma pregunta. ¿Creemos que puede hacer lo que dice? ¿Creemos que realmente es quien dice ser? ¿Vemos a Jesús con claridad, o está empañado por la niebla de los deseos mundanos?

Aunque tengamos una visión 20/20, necesitamos que Jesús nos ayude a ver quiénes estamos llamados a ser y qué estamos llamados a hacer. Si sólo miramos a través de los lentes que hemos diseñado para nosotros mismos, chocaremos con los muros y tropezaremos con las raíces de los árboles de las mejores intenciones y las percepciones erróneas. Sólo cuando, al igual que los ciegos, nos ponemos delante de Jesús y le rogamos que se apiade de nosotros y nos sane, podemos recuperar la salud para ver el mundo tal como es y saber hacia dónde tenemos que ir.

Piensa en Jesús como los lentes progresivos de la crisis espiritual de la mediana edad. La juventud nos convence de que sabemos hacia dónde vamos. A menudo, sólo en la mediana edad y en la madurez nos damos cuenta de lo mal que se ha vuelto nuestra visión espiritual y regresamos a Jesús, reconociendo que no sabemos ni la mitad de lo que creíamos saber. De hecho, puede que ni siquiera estemos seguros de saber qué preguntas hacer para encontrar las respuestas que reclamamos.

Jesús es tanto la pregunta como la respuesta. Todo lo que necesitamos hacer es creer.

Meditación: La oscuridad puede ser aterradora, asfixiante, especialmente cuando nos encontramos en un lugar desconocido. Una luz única puede transformar el miedo y darnos esperanza. Jesús es esa luz, que brilla en medio de la oscuridad de nuestro mundo, recordándonos que nunca estaremos perdidos.

Oración: Jesús, luz del mundo, haz brillar tu verdad en nuestros corazones, ahuyentando las tinieblas que nos llenan de miedo y nos impiden seguir hacia donde tú nos conduces. Sí, ¡creemos!

3 de diciembre:
San Francisco Javier, sacerdote

Practica y predica

Lecturas: Is 30, 19-21 23-26; Mt 9, 35–10,1 5a 6-8

Escritura:
Al ver a las multitudes, se compadecía de ellas, porque estaban extenuadas y desamparadas, como ovejas sin pastor. (Mt 9, 36)

Reflexión: En la lectura del Evangelio de hoy, Jesús siente una gran compasión por las multitudes, que le parecen como ovejas "extenuadas y desamparadas" o, en palabras de otra traducción, "decaídas y desanimadas" (Biblia Latinoamericana).

¿Cuántos de nosotros pasamos una buena parte de nuestra vida sintiéndonos decaídos y desanimados? Tendemos a la autocompasión, mirando a nuestro alrededor las vidas filtradas e ideadas en Instagram de amigos y conocidos y preguntándonos por qué nuestra ropa, nuestras casas, nuestras vacaciones, nuestros hijos y nuestras mesas no se parecen a la imagen perfecta que creemos que todo el mundo está disfrutando. Antes de que te des cuenta, el premio o el logro de un amigo comienza a sentirse como un acoso, dejándonos en un espiral de desánimo. Podemos vagar por nuestras vidas sin estar seguros de cómo encontrar el camino de regreso a la verdad, de regreso a nosotros mismos. De lo único que estamos seguros es de que hemos tenido mala suerte, y merecemos revolcarnos.

Hoy vemos a Jesús en medio de la multitud, reuniendo a las ovejas perdidas, a los que pierden la esperanza porque han sido hostigados (probablemente de maneras que no podemos imaginar) y se sienten desanimados (probablemente porque han sufrido una opresión real y no sólo un mal día en la oficina). Jesús se compadece de ellos como lo hace de nosotros, incluso cuando carecemos de justificación para sentir desánimo, y especialmente cuando lo estamos. No importa en qué lugar del espectro nos encontremos, Jesús nos ofrece una salida, una manera de subir. Él nos da un camino diferente, *el* camino. Y si estamos dispuestos, podemos despojarnos del manto de la autocompasión y ponernos la investidura de paz, el manto de esperanza, la corona de salvación.

Meditación: Mira tu vida bajo el prisma del Evangelio de hoy. ¿Estás entre la multitud que se siente perdida, o eres uno de los enviados a levantar a los demás? "Predica el Evangelio en todo momento y, si es necesario, utiliza las palabras". Esta cita famosa pertenece a San Francisco de Asís, y aunque no es probable que dijera esas palabras exactas, vivió su verdad todos los días. ¿Qué predica tu vida a los demás?

Oración: Rezamos para tener el valor de dejar de lado la autocompasión y predicar con nuestras propias vidas, para ser guiados por el Evangelio y atraer a otros hacia Jesús a través de su verdad poderosa.

SEGUNDA SEMANA DE ADVIENTO

Acoger al "otro"

Lecturas: Is 11, 1-10; Rom 15, 4-9; Mt 3, 1-12

Escritura:
Por lo tanto, acójanse los unos a los otros como Cristo los acogió a ustedes, para gloria de Dios. (Rom 15, 7)

Reflexión: Las lecturas de hoy ofrecen un estudio de contrastes. Pablo nos hace sentir animados y esperanzados con sus palabras de resistencia y aliento, de armonía y acogida. Juan el Bautista, en cambio, nos hace volver a la atención con su comentario de "raza de víboras" y las advertencias del "fuego que no se apaga". No hay manera de evitar sentirse un poco inquieto luego de la lectura del Evangelio. ¿Estamos entre la "raza"? ¿Terminaremos en la era de trilla? Aquí es donde convergen estas dos lecturas aparentemente diferentes de las Escrituras, ofreciéndonos una opción. ¿Seremos como los fariseos y maestros de la Ley que fueron advertidos por Juan, que pensaban que habían alcanzado un pináculo espiritual, pero cerraban a la gente el Reino de los Cielos (Mt 23, 13)? O ¿vamos a imitar a Jesús, que acogió no sólo a los creyentes existentes, sino también a las prostitutas y a los recaudadores de impuestos, y a tantos otros típicamente relegados a los márgenes de la sociedad?

Jesús vino a salvar a todos, no sólo a unos pocos, y por eso estamos llamados a acogerlos a todos, no sólo a los que coin-

abandona a los noventa y nueve que quedan. Estamos eternamente unidos, somos eternamente amados, estamos eternamente llamados por aquel cuya voz reconocemos aunque nos desviemos del camino.

Y es fácil desviarse del camino. Ninguna vida está libre de dolor o tragedia, angustia o desilusión; es simplemente la naturaleza de ser un humano quebrantado en un mundo quebrantado. Pero nuestro Dios siempre está a una oración de distancia. Más cerca, de hecho. Tan pronto como nos volvemos para mirar a Dios con nuestros corazones y almas, se establece la conexión, incluso sin palabras, y nos encontramos.

Meditación: Ponte en el Evangelio de hoy. ¿Eres tú el que está perdido, o estás entre los noventa y nueve? ¿Qué se siente estar donde estás? ¿Qué te dice Jesús? Aunque no te hayas perdido, ¿has sido encontrado?

Oración: Jesús, tú eres mi estrella del norte, mi brújula y mi ancla. Pronuncia mi nombre, y reconoceré tu voz y volaré a tu lado, seguro entre tu rebaño, encontrado y libre.

7 de diciembre:
San Ambrosio, obispo y doctor de la Iglesia

Un mundo cansado

Lecturas: Is 40, 25-31; Mt 11:28-30

Escritura:
"Tomen mi yugo sobre ustedes y aprendan de mí, que soy manso y humilde de corazón, y encontrarán descanso". (Mt 11, 29)

Reflexión: Cuando pensamos en un yugo, quizás una imagen de dos bueyes unidos por un yugo y arando un campo, no solemos pensar en él como una manera de encontrar descanso. ¿Cómo podemos encontrar descanso al *ponernos* un yugo? Pues bien, si todavía no nos hemos unido a Jesús, significa que estamos llevando la carga nosotros mismos, tirando del arado de la vida detrás de nosotros sin que nadie comparta esa carga. En el Evangelio de hoy, Jesús nos invita a dejarlo caminar a nuestro lado y a ayudarnos a cargar con todas las cosas pesadas que nos agobian.

Jesús conoce las cargas que la vida nos impone. Es un regalo de un Dios encarnado que eligió convertirse en uno de nosotros a fin de salvarnos. Estamos en medio de la preparación de ese gran milagro que cambia la historia, pero a menudo olvidamos el poder que existe detrás del bebé envuelto en un pesebre. Nuestro Dios caminó por esta tierra y llevó su propia parte de cargas pesadas, incluyendo la carga física real de llevar la cruz para su propia crucifixión.

Nuestro Dios no quiere que recorramos nuestro calvario personal solos, cayendo bajo el peso de los pesares de la vida. Quiere levantarnos, unirse para siempre a nosotros, y ser nuestro descanso y refrigerio. A menudo nos atamos a cosas que no nos elevan, sino que nos hunden: la comida, el alcohol, el exceso de trabajo, las redes sociales, los chismes, el juego. Jesús nos desafía a desprendernos del yugo viejo y a probar el yugo que nos ofrece hoy. ¿Somos lo suficientemente fuertes como para permitirnos ser débiles ante Dios?

Meditación: ¿Qué yugo has llevado durante tanto tiempo? Tal vez sea un mal hábito o una amistad tóxica. ¿Qué se sentiría al experimentar la vida sin ese yugo conocido? Hoy reza para tener el valor de permitirle a Jesús que te ayude a llevar la carga.

Oración: Dios misericordioso, estamos cansados de las cargas mundanas que llevamos, a menudo por nuestra propia elección. Danos la fuerza y la voluntad para dejar nuestros propios yugos y tomar los tuyos.

8 de diciembre:
La Inmaculada Concepción de la Santísima Virgen María

Una vida con gracia

Lecturas: Gn 3, 9-15 20; Ef 1, 3-6 11-12; Lc 1, 26-38

Escritura:
Entró el ángel a donde ella estaba y le dijo: "Alégrate, llena de gracia, el Señor está contigo". (Lc 1, 28)

Reflexión: Las palabras del avemaría son tan familiares que salen de nuestra boca como nuestros propios nombres, como el aire que respiramos. Estamos tan impregnados de las palabras de esta oración amada que, a veces, puede resultar casi demasiado familiar, demasiado fácil decirla sin dedicar tiempo a cada línea, a cada palabra.

Mi jefe, Monseñor Edward B. Scharfenberger, obispo de Albania, sugiere que hagamos una pausa cuando lleguemos al nombre de Jesús. La "pausa" es una práctica de oración especialmente poderosa. Detenernos en el nombre de Jesús nos recuerda que esta oración a nuestra Santísima Virgen realmente se trata de Jesús, porque María siempre se trata de Jesús. Incluso hoy, cuando celebramos la Inmaculada Concepción de María, el Evangelio trata de la concepción milagrosa de *Jesús*. No es de extrañar que la gente confunda la fiesta de hoy con la de la Anunciación.

Enfoquemos la atención nuevamente en María por un momento y reflexionemos sobre las palabras del ángel: "Alégrate, llena de gracia, el Señor está contigo". Incluso antes del *fiat* de María, su sí a la noticia del ángel, estaba "llena de gracia". Eso es lo que la preparó para ser la madre del Mesías, la Madre de Dios. Llegó a este mundo llena de gracia y vivió su vida llena de gracia. Aceptó la palabra del ángel, llena de gracia, y vio a su hijo morir en una cruz, llena de gracia. Nunca podremos saber qué pasaba por la mente de María cuando el ángel le dio la noticia, pero podemos adivinar lo que pasaba por su mente y su corazón: *Sí, Señor, siempre sí. Llena de gracia.*

Meditación: Hoy reza la avemaría. Ralentiza esta oración conocida, dedicando tiempo a cada línea, dándole vueltas a las palabras en tu mente. Cuando llegues al nombre de Jesús, haz una pausa y guarda un momento de silencio antes de continuar.

Oración: Santa Madre María, en esta fiesta hermosa de tu Inmaculada Concepción, te pedimos que intercedas por nosotros, para que nos abramos a la gracia de Dios como tú lo hiciste durante toda tu vida.

9 de diciembre:
Viernes de la segunda semana de Adviento

Complacer a las personas

Lecturas: Is 48, 17-19; Mt 11:16-19

Escritura:
Jesús dijo: "¿Con qué podré comparar a esta gente?". (Mt 11, 16a)

Reflexión: La gente puede ser difícil de complacer. Nos apresuramos a juzgar, a catalogar, a chismorrear. Resulta ser una antigua cuestión. Así lo dice Jesús en el Evangelio de hoy. Le recuerda a la gente que encontraron fallas en Juan Bautista por una cosa y fallas en Jesús por todo lo contrario. Quizá la gente no busque necesariamente un salvador, sino un espejo, y ahí está el problema. No podemos hacer a Dios a nuestra imagen y semejanza. La escritora Anne Lamott escribió una vez, citando a su buen amigo, el Padre jesuita Tom Weston: "Puedes asumir con seguridad que has creado a Dios a tu propia imagen cuando sucede que Dios odia a la misma gente a la que tú odias".

Juan Bautista desafió a la gente, sin duda, y probablemente los asustó un poco con su dieta de langostas y miel y su apariencia de hombre salvaje. Esas cosas superficiales dieron a la gente una buena excusa para catalogarlo de loco o algo peor. Y una vez cuestionada su credibilidad, le dio a la gente una buena razón para ignorar su desafío difícil de arrepentirse y cambiar de vida. Cuando Jesús entra en escena, podrías pensar que habría una sensación de alivio. Se trataba de alguien que parecía apacible y amable, que hablaba con historias y no con diatribas. Pero el alivio se convirtió pronto en su propio tipo de vergüenza y culpa, ya que la gente puso las acciones misericordiosas y de entrega de Jesús frente al espejo y se preguntó si esto es lo que hizo Jesús, ¿se esperaba que ellos hicieran lo mismo? Y así comenzaron las humillaciones y los rumores. Desde su nacimiento, cuando Herodes estaba empeñado en destruirlo, hasta la cruz, cuando las multitudes se volvieron contra él, Jesús, al igual que Juan antes que él, incomodó a la gente debido a que amenazaba el statu quo.

¿Mesías o espejo? Es nuestra elección.

Meditación: "Rezas mejor cuando el espejo de tu alma está vacío de toda imagen, excepto la imagen del Padre invisible", escribió Thomas Merton, dándonos ideas para reflexionar. Hoy, cuando reces, comprueba lo que se siente al empezar a limpiar tu espejo interior.

Oración: Dios de la justicia, sabemos que somos seguidores caprichosos. Clamamos tu atención y luego nos ocultamos de tu vista. Hoy te pedimos la capacidad de hacer honor a tus enseñanzas, por muy apremiantes que sean.

11 de diciembre:
Tercer domingo de Adviento

Más que un profeta

Lecturas: Is 35, 1-6a 10; Sant 5, 7-10; Mt 11, 2-11

Escritura:
Le mandó preguntar por medio de dos discípulos: "¿Eres tú el que ha de venir o tenemos que esperar a otro?" (Mt 11, 2b -3)

Reflexión: Conocemos lo suficiente de la vida de Juan Bautista para saber que no hizo nada a medias. Predicaba el arrepentimiento y anunciaba la llegada del Mesías, aquel al que no era digno de desatar la correa de sus sandalias, el que bautizaría en el Espíritu Santo (Marcos 1, 7-8).

Con nuestra retrospectiva espiritual 20/20, suponemos que Juan tenía alguna información privilegiada que le permitió saber que Jesús era el elegido. Pero en el Evangelio de hoy, desde su calabozo, deja en claro que no lo sabe; de hecho, se pregunta si debería buscar a otra persona. Apreciemos esa realidad. ¿Hay algo en tu vida por lo que dejarías todo y te arriesgarías a ser encarcelado e incluso a morir sin tener una certeza absoluta sobre lo que proclamas? En un mundo en el que nos gusta saber todo el minuto mismo en que ocurre, preferiblemente un minuto antes, es difícil imaginar la confianza total y absoluta en Dios que requería la misión de Juan.

"Juan Bautista es la cumbre de toda la tradición judía... Será el gran profeta que, con su propio dedo, podrá señalar al Mesías, al Cristo, y con ello la llegada del reino", escribe el Padre trapense Theophane Boyd en *Los domingos del monasterio mágico*. No se trata de un simple hombre santo, y sin embargo, incluso este, el más santo de todos los santos, tiene que actuar completamente por fe. Sabe que la luz del mundo se acerca, aunque se queda en la oscuridad de la incertidumbre.

Dios no nos pide ni siquiera una fracción de esta fortaleza y fe, pero con qué facilidad retrocedemos y cuestionamos el plan de Dios. Confianza. Fe. Oración. Acción. Esa era la receta de Juan. También debería ser la nuestra.

Meditación: ¿Alguna vez sientes como si Dios te empujara a hacer algo, o a dejar de hacer algo? ¿Escapas de pasar a la acción por miedo? ¿Qué se necesitaría para tener la confianza total de Juan y saltar a los brazos de Dios?

Oración: Dios que es, fue y será, confiamos en tu palabra. Danos la devoción y la determinación de Juan Bautista mientras nos esforzamos en poner en práctica nuestra fe al servicio de los demás.

12 de diciembre: Nuestra Señora de Guadalupe

Uno de nosotros

Lecturas: Zac 2, 14-17 o Ap 11, 19a, 12, 1-6a, 10ab; Lc 1, 26-38 o Lc 1, 39-47

Escritura:
"Dichosa tú, que has creído, porque se cumplirá cuanto te fue anunciado de parte del Señor". (Lc 1, 45)

Reflexión: En el jardín de mi casa hay una estatua de plástico de un metro de altura de Nuestra Señora de Guadalupe que ocupa un lugar especial en mi vida desde hace mucho tiempo. Hace unos años, tenía mis ilusiones puestas en una estatua de este tipo, pero no tenía muchas esperanzas de encontrar una en el norte del estado de Nueva York. Entonces, un día, mientras me dirigía a la sección de jardinería del Walmart local, allí estaba ella, de pie, cara a cara conmigo desde su estantería. La puse en mi carrito y procedí a pasear a la Santísima Virgen por Walmart mientras terminaba de hacer mis compras. Se la instaló en un arriate elevado donde puedo verla desde mi cocina, mi sala de estar y mi terraza. Ella es nuestra pieza central, pero ahora sus colores brillantes se han desvanecido, hay una gran grieta en su espalda, y varias veces se ha volcado encima del roble. Sin embargo, me aferro a ella, no sólo por el recordatorio constante del papel de María en mi vida, sino porque esta estatua en particular representa a María como la azteca que era cuando apareció en el Tepeyac, de piel y pelo oscuros. Todas las demás estatuas de Nuestra Señora de Guadalupe que he visto son de pelo claro y tez pálida, lo que distorsiona la historia y el papel de María como madre de todos nosotros.

Nuestra Señora de Guadalupe fue tan poderosa para llevar a las personas hacia Jesús precisamente porque se le apareció al pueblo mexicano como una mexicana. María era importante para ellos porque era una de ellos. Al igual que Isabel, vemos a María y sabemos de inmediato que estamos en presencia de alguien especial, alguien tocado por Dios, pero también muy parecido a nosotros. María es la madre de todos nosotros.

Meditación: Reflexiona sobre tu relación con María. ¿Tienes una devoción especial por ella bajo algún título o papel en particular? Hoy siéntate con María y déjala ser tu madre. Déjala que te consuele como una vez consoló a su Hijo.

Oración: Nuestra Señora de Guadalupe, patrona de las Américas, te pedimos que haya paz en nuestro mundo, paz en nuestras comunidades y paz en nuestras familias. Cúbrenos con tu protección y amor maternal.

Alimenta sólo a una

Lecturas: Sof 3, 1-2, 9-13; Mt 21:28-32

Escritura:
"¿Cuál de los dos hizo la voluntad del padre?" (Mt 21, 31a)

Reflexión: Me quedo con "Evangelios incómodos" por $500. Así es como me hace sentir la lectura del Evangelio de hoy. Me retuerzo un poco, tratando de no contar cuántas veces me he convencido a mí misma de que haría algo, sólo para dejarlo escapar por miedo o pereza o desinterés común y corriente. Por supuesto, si soy honesta, probablemente tengo bastantes marcas en el lado positivo por las veces que dije que *no* haría algo pero seguí adelante y lo hice ¡a pesar de mí misma! La conclusión: en algún u otro momento, todos hemos sido estos dos tipos de hijos.

Entonces, ¿cuál es la lección que Jesús intenta transmitirnos hoy? Creo que la cuestión es que los que vamos a Misa todos los domingos pero no vivimos el evangelio en el día a día tenemos menos posibilidades de hacer la voluntad de Dios que los que no profesan públicamente pero tranquilamente van haciendo la labor de un creyente sin recibir ningún "crédito". La etiqueta "cristiano" no es una fórmula mágica; tenemos que trabajar para que sea real.

Nos fijamos en los modelos de conducta que caminaron por el sendero: Francisco de Asís, Dorothy Day, Damián de

Molokai. Fueron personas santas que pusieron a los demás por encima de todo, dando por sentado el Evangelio y viviéndolo día a día. La mayoría de nosotros no estamos llamados a ese tipo de servicio extremo, pero aún podemos hacer la voluntad del Padre sin abandonar todo lo que ya sabemos. La oportunidad de servir está a nuestro alrededor, no sólo en las zonas urbanas deterioradas o en las zonas rurales, sino en la mesa y en la calle.

Meditación: "Si no puedes alimentar a cien personas, alimenta sólo a una". A menudo se atribuye este dicho a la Madre Teresa. Aunque ella no lo haya dicho, el sentimiento conmueve. Es fácil descartar volar alrededor del mundo para alimentar a los hambrientos en Calcuta; es algo más que descartar el hecho de cruzar la ciudad para alimentar a un niño hambriento. ¿Por dónde puedes comenzar?

Oración: Querido Dios, abre mis ojos a las necesidades del lugar donde vivo para que pueda hacer tu trabajo aquí en la tierra y poner en práctica las lecciones del Evangelio. Quiero hacer tu voluntad.

Tierra del encanto

Lecturas: Is 45, 6c-8, 18, 21c-25; Lc 7, 18b-23

Escritura:
"Yo soy el Señor y no hay otro". (Is 45, 6c)

Reflexión: "El mundo está cargado de la grandeza de Dios", escribió Gerard Manley Hopkins en su famoso poema "La grandeza de Dios". Y, basándonos en lo que hoy escuchamos en la primera lectura de Isaías, se supone que no debemos desperdiciar toda la bondad y belleza que se ha puesto ante nosotros. Es como si Dios nos invitara a detenernos y mirar a nuestro alrededor, a asimilarlo todo y a recordar que *Dios es Dios*. Como diciendo: ¿Cómo crees que todo esto ha llegado hasta aquí?

En su libro, *Earth: Our Original Monastery (La Tierra: nuestro monasterio original)*, Christine Valters Paintner se sumerge en la idea de la creación como el lugar donde podemos reconectar con lo divino y sugiere no sólo ver la bondad sino experimentar el "encanto" justo en el lugar donde vivimos. "Practicar el encanto es un compromiso para ver el mundo a través de ojos nuevos. Significa sacudir nuestro cinismo y adormecimiento y redescubrir el mundo que brilla detrás de lo cotidiano". Eso puede resultar fácil si nos encontramos en algún lugar hermoso: una playa, una montaña, un prado lleno de girasoles. Ver la belleza en los momentos cotidianos puede ser un desafío mayor. Pero una vez que empezamos a ver, la chispa de lo divino es tan obvia que nos sorprenderá no haberla visto antes.

Allá por los días más calurosos, estaba paseando en kayak por un lago tranquilo y me encontré con una roca enorme a la orilla del lago. De una grieta de la roca crecía un árbol. Un árbol completo. Regresé a mi habitación y en mi diario escribí: "La naturaleza encuentra su camino". Pero la verdad es que Dios encuentra su camino. Porque Dios es Dios, y no hay otro. ¿No es eso encantador?

Meditación: El hermano trapense Paul Quenon escribe en su libro *In Praise of the Useless Life (Elogio de la vida inútil)* que pasa treinta minutos al aire libre todos los días sin importar el clima. "Un día puede ser el Edén, otro un limbo borroso. Cada clima amolda mi alma a su perfil". Sal y deja que el clima moldee tu alma.

Oración: Dios de toda la creación, tú estás arriba, y abajo, y en cada átomo de nuestro ser. Gracias por un mundo que a la vez es impresionante y desgarrador. En todo momento, alabamos tu nombre.

15 de diciembre:
Jueves de la tercera semana de Adviento

Montaña de amor

Lecturas: Is 54, 1-10; Lc 7, 24-30

Escritura:
"Podrán desaparecer los montes
    y hundirse las colinas,
pero mi amor por ti no desaparecerá
    y mi alianza de paz quedará firme para siempre.
    Lo dice el Señor, el que se apiada de ti". (Is 54, 10)

Reflexión: Desde mi ventana, puedo ver una montaña inquebrantable fuera de la ermita donde estoy escribiendo en las montañas Adirondack del norte del estado de Nueva York. Trato de imaginar esa montaña desapareciendo, como escribe Isaías de manera tan poética en la primera lectura de hoy. Puede que sea sacudida, pero ¿desaparecerá por completo? No lo creo. Y así es el amor de Dios, pero aún más grande, aún más inmóvil y, a diferencia de una montaña, completamente inquebrantable. Luego de leer este pasaje, me encontré cantando la letra de una vieja canción de los jesuitas de St. Louis: "Aunque las montañas caigan y las colinas se conviertan en polvo, el amor del Señor permanecerá".

Donde vivo tengo la suerte de estar rodeado de montañas. Mira en cualquier dirección y ahí están, inmóviles: las Adirondack, las Catskill, las Berkshire, las Green. Son a la vez imponentes y acogedoras. Así es como a menudo vemos a nuestro Dios: imponente y acogedor. Isaías trata de subrayar el punto de que Dios nunca nos abandonará, y que si huimos, Dios nos traerá de vuelta una y otra vez, sin hacer preguntas, como el padre de la historia del hijo pródigo.

Somos nosotros los que imponemos la mayoría de las veces, no Dios. Asumimos que porque nos hemos alejado de Dios, no seremos bienvenidos de vuelta, y nos imponemos al exilio. O nos sumergimos en la culpa autoinducida, pensando que somos indignos y que no podemos ser amados, y nos imponemos una sentencia de desesperación. Pero Dios es nuestro refugio en las tormentas que creamos. Todo lo que tenemos que hacer es darnos vuelta y enfrentarnos a la montaña inquebrantable del amor de Dios.

Meditación: Piensa en las veces que te has sentido lejos de Dios. Ese sentimiento a menudo proviene de una decisión que hemos tomado y que rompe nuestra relación con Dios. ¿Podemos perdonarnos a nosotros mismos? ¿Podemos confesarnos? ¿Podemos permitirnos regresar al lugar que nos corresponde dentro del abrazo amoroso de Dios?

Oración: Damos gracias por tu amor incondicional e inquebrantable, oh Señor. Nos liberamos de los castigos autoimpuestos que hemos permitido que nos encadenen, y nos presentamos ante ti, exiliados que hemos regresado a nuestro hogar, a nuestro refugio.

La cruz de la Navidad

Lecturas: Is 56, 1-3a 6-8; Jn 5, 33-36

Escritura:
"Las obras que el Padre me ha concedido realizar y que son las que yo hago, dan testimonio de mí y me acreditan como enviado del Padre". (Jn 5, 36b)

Reflexión: A medida que avanzamos en el Adviento, reflexionando sobre lecturas que a menudo parecen no estar relacionadas con la gran celebración que está a la vuelta de la esquina, se nos ofrece una visión del progreso de Jesús desde un relativamente desconocido hasta el Mesías el cual nació para ser. En el Evangelio de hoy, Jesús sigue predicando a los seguidores de Juan Bautista, diciéndoles de diversas maneras que Juan era el mensajero, el profeta anunciado en las Escrituras judías, que preparaba el camino para el elegido. Jesús nunca sale y les dice quién es; Los provee de antecedentes y metáforas, con la esperanza de que la gente atara cabos.

Todos estos siglos más tarde, necesitamos el mismo ladrillo escriturístico, suave pero contundente, sobre la cabeza para recordarnos a quién nos disponemos a celebrar. No sólo un bebé, no sólo un profeta, no sólo un hombre santo, sino el Mesías, el Cristo, el Salvador del mundo, y nuestro propio

Salvador personal. Sabemos que Jesús realizó muchas señales y milagros a lo largo de sus años de ministerio y aun así fue colgado en una cruz. A lo largo de nuestra vida sabemos que Jesús ha hecho lo mismo por nosotros de maneras grandes y pequeñas, y aun así, a menudo no queremos pensar en la cruz. Es más reconfortante pensar en el bebé acostado en el pesebre.

Jesús no vino a consolar al mundo, sino a salvarlo, y nos dijo de maneras múltiples que, si lo seguimos, nosotros también nos sentiremos incómodos a veces, quizá hasta el punto de sufrimiento verdadero. La Navidad se acerca, pero incluye la cruz. ¿Todavía queremos celebrar?

Meditación: Busca un crucifijo y colócalo entre tus adornos navideños como un recordatorio no muy sutil de que no podemos tener uno sin el otro. Vuelve a la cruz cada día. Reza por tener la fuerza para afrontar cualquier cruz que lleves hoy.

Oración: Jesús, nuestro Salvador, nos preparamos para tu nacimiento sabiendo que nos llevará al calvario y a la cruz. Queremos seguirte con todos nuestros corazones, mentes, cuerpos y espíritus. Haznos fuertes ante tus ojos.

17 de diciembre:
Sábado de la tercer semana de Adviento

Árbol genealógico

Lecturas: Gn 49, 2, 8-10; Mt 1, 1-17

Escritura:
. . . Jacob engendró a José, el esposo de María, de la cual nació Jesús, llamado Cristo. (Mt 1, 16)

Reflexión: Siempre es impactante escuchar la proclamación de la genealogía de Jesús, no sólo porque remonta la línea familiar de Jesús hasta Abraham, sino por los nombres de la Escritura que fluyen: los majestuosos y los marginados, los adúlteros y los asesinos. Esta familia lo tuvo todo. La autora cristiana Ann Voskamp lo resume de esta manera: "La familia te da contexto y origen. Te da comprensión, y el árbol genealógico de Cristo siempre te da esperanza".

Esa es mi lección de las primeras líneas del Evangelio de hoy: esperanza. Si algunas de esas personas pueden incluirse en el linaje del Mesías, entonces creo que ¡tú y yo encajamos muy bien para estar entre sus seguidores! Normalmente no recordamos eso. Imaginamos que la familia de Jesús era perfecta, como él. Inmaculada, como lo fue María. Protectora y pacífica, como lo fue José. No hace falta escarbar demasiado para encontrar los esqueletos en el armario, y eso es algo hermoso. Significa que no importa cuál sea nuestra historia, no importa quién esté en nuestro pasado, no importa qué pecados hayan cometido ellos o nosotros, tenemos un lugar en la mesa y una promesa de salvación.

En la familia es donde encontramos a las personas que nos conocen mejor, o que creen conocernos mejor, y que pueden presionar nuestros botones en un tiempo récord. La familia es también nuestra primera comunidad de fe, y un lugar en el que siempre somos bienvenidos y amados, con todos nuestros defectos. Lamentablemente, para muchas personas, esa no es siempre la realidad. El árbol genealógico de Jesús nos recuerda que nunca estamos solos y que formamos parte de una familia que no está limitada por líneas de sangre o fronteras.

Meditación: Hoy reza por tu propia familia, por aquellos con los que vives y por aquellos con los que creciste, por aquellos que te precedieron y por aquellos que te desafían. ¿Hay alguien a quien necesites perdonar? O tal vez ¿alguien de quien necesites recibir perdón? Entrégaselo todo al Señor.

Oración: Jesús, hoy pedimos por las familias. Danos la gracia de amar y perdonar, de proteger y aceptar. Rezamos de una manera especial por las familias que tienen dificultades y por las que no se sienten acogidas en sus propias familias.

CUARTA SEMANA DE ADVIENTO

18 de diciembre: Cuarto domingo de Adviento

Sigue las señales

Lecturas: Is 7, 10-14; Rom 1, 1-7; Mt 1:18-24

Escritura:
El Señor le habló a Ajaz diciendo: "Pide al Señor, tu Dios, una señal de abajo, en lo profundo o de arriba, en lo alto". (Is 7, 10-11)

Reflexión: La conversación de hoy entre Dios y Ajaz me hizo reír, de la mejor manera, cuando la leí una mañana temprano luego de sentarme en oración y decirle a Dios el miedo que sentía de demasiadas cosas que no podía enumerar. Y, como siempre, recé y deseé una señal, cualquier señal, que me guiara por los caminos correctos y me diera una pista sobre cómo ser quien estoy llamada a ser. Luego bajé las escaleras para escribir esta reflexión, abrí el leccionario en el día que seguía en mi calendario y vi la lectura de hoy de Isaías, que nos recuerda que Dios quiere que le pidamos que nos guíe y que nos dé señales tan escandalosas como cualquier cosa que podamos imaginar.

Pero nosotros, al igual que Ajaz, a menudo nos alejamos de esa oferta, tal vez por humildad, pero probablemente por miedo a lo que la señal que recibamos pueda decirnos o pedirnos. Y Dios, *hasta la coronilla* de Ajaz, como un padre frustrado que les dice a sus hijos implacables: "¡No me hagas ir hasta allá!", hace precisamente eso. Decide venir hasta aquí. No solamente envía una señal; se *convierte* en la señal, por medio de María, en la persona de Jesús. Una señal tan escandalosa que sacudió el mundo, cambió la historia y continúa repercutiendo en una lista interminable de misericordia y salvación y esperanza.

¿Pero hemos permitido que nos cambie?

Meditación: ¿Cuándo fue la última vez que pediste una señal? A veces lo único que se necesita para encontrar lo que buscamos es un poco de silencio para que podamos escuchar a Dios. Las señales están a nuestro alrededor. ¿Podemos dejar de dar vueltas para darnos cuenta a tiempo?

Oración: Dios de toda bondad, sabemos que nos guiarás por los caminos correctos. Danos los ojos para ver las señales que has puesto ante nosotros. Danos el valor para seguirte donde nos guíes.

19 de diciembre:
Lunes de la cuarta semana de Adviento

Fe y esperanza

Lecturas: Jue 13, 2-7, 24-25a; Lc 1, 5-25

Escritura:

"Esto es obra del Señor. Por fin se dignó quitar el oprobio que pesaba sobre mí". (Lc 1, 25)

Reflexión: Aunque Zacarías y el ángel Gabriel son las estrellas del Evangelio de hoy, con la noticia de Juan Bautista resonando en los labios del ángel (¡si es que los ángeles tienen labios!), y Zacarías callado en su incredulidad, es Isabel quien se roba el show en los momentos finales. Sus palabras proporcionan tal honestidad y consuelo que podemos vernos reflejados en ella a pesar de no tener nada en común, excepto quizás nuestro sentimiento propio de desesperación.

Isabel esperó su vida entera a que Dios le quitara la "desgracia" que experimentaba a los ojos de los demás, y probablemente en el fondo de su corazón y de su alma. ¿Cuántos de nosotros vivimos con la desgracia, real o imaginaria o forzada por otros, día tras día, deseando una realidad diferente, una segunda oportunidad, una oportunidad para demostrar al mundo que no somos quienes otros dicen que somos? Y justo cuando pensamos que nuestro tiempo ya pasó y la ventana de la oportunidad parece cerrarse rápidamente, el espíritu de Dios barre a través de nuestras casas figuradas y reorganiza no sólo los muebles, sino las puertas y las ventanas y ¡el propio suelo que pisamos!

Al igual que Isabel, en un instante podemos encontrarnos transportados a un lugar en el que nunca pensamos estar, dándonos cuenta de que debimos haber sabido que el tiempo de Dios no es nuestro tiempo. De hecho, nunca podemos estar seguros de cuándo o cómo nuestras oraciones serán respondidas, ya que la respuesta que obtengamos puede no ser la que esperábamos.

Meditación: Muchos de nosotros vivimos con vergüenza o desesperación, olvidando que Dios en su misericordia nos ama a través de lo que sea que pensemos que nos cause "desgracia". Dios nos hace íntegros, incluso cuando sólo vemos espacios vacíos y defectos.

Oración: Señor misericordioso, haznos reconocer tu amor apresurado por llenar los vacíos que creamos por miedo o vergüenza. Y que nosotros, al igual que Isabel, sigamos siendo pacientes en la fe y la esperanza día tras día.

La gracia del sí

Lecturas: Is 7, 10-14; Lc 1, 26-38

Escritura:
El ángel le dijo: "No temas, María, porque has hallado gracia ante Dios". (Lc 1, 30)

Reflexión: Al escuchar las palabras de Lucas hoy, una cosa queda muy clara, una historia tan familiar para nosotros que podríamos pasarla por alto como una noticia vieja: *Encontrar el favor de Dios no significa que la vida sea fácil.* De hecho, como en el caso de María, podría significar todo lo contrario.

¿Con qué frecuencia imaginamos que si rezamos lo suficiente, damos lo suficiente, hacemos lo suficiente, somos lo suficiente, podemos ahorrarnos a nosotros mismos y a nuestros seres queridos el dolor y la angustia que acosan a la mayoría de las personas en algún u otro momento? Sin embargo, seguir el camino de Dios nunca significó que el camino fuera más fácil. La vida es la vida, y vendrá con dificultades y enfermedad, pérdida y dolor, junto con alegrías. Nuestra tarea, por lo tanto, no es rezar para conseguir una vida perfecta, sino, al igual que María, aceptar con gracia lo que se nos presente y confiar en que, con la ayuda de Dios, podremos superarlo.

Pero no es una tarea fácil. El Evangelio hace que parezca que fue fácil para María. Vemos una mención breve de que está "muy preocupada", y luego pasa directamente a su *fiat*, su sí. Pero, como sabemos, las Escrituras no siempre se mueven a lo largo de una línea recta según nuestro calendario actual. Puede que María haya estado "muy preocupada" durante mucho tiempo, quizá durante el resto de su vida, pero no dejó que los problemas le impidieran seguir adelante, decirle sí a Dios y a la vida que estaba llamada a vivir.

Meditación: Siéntate hoy con las palabras de María ("cúmplase en mí lo que me has dicho"). Deja que resuenen en tu corazón. Imagínate por un momento en la posición de María. Ahora ponte en cualquier situación apremiante a la que te enfrentes actualmente y comprueba si el ejemplo de María puede ofrecerte la fuerza para decir sí y dar el paso siguiente.

Oración: Santísima Virgen María, pedimos tus oraciones hoy para enfrentarnos a las dificultades que nos preocupan. Ayúdanos a aceptar sin miedo lo que Dios ponga en nuestras vidas, a decir sí con fe.

21 de diciembre:
Miércoles de la cuarta semana de Adviento

Promesas y planes

Lecturas: Cant 2, 8-14 o Sof 3, 14-18a; Lc 1:39-45

Escritura:
"En cuanto ésta oyó el saludo de María, la criatura saltó en su seno . . .". (Lc 1, 41)

Reflexión: Cuando se trata de confiar en que Dios cumplirá sus planes y promesas, nadie mejor que María nos muestra cómo hacerlo. Isabel lo reconoce inmediatamente y con cierto asombro cuando María la saluda con el niño Jesús que crecía en su vientre. La fe de María es palpable, su capacidad de elección es evidente en su propio ser y en el hecho de que estaba parada en la puerta de Isabel, habiendo arriesgado un viaje arduo basado en la palabra de un ángel. María, sin importar el costo, no dejó que sus propios problemas y temores le impidieran actuar con amor. Hizo lo que tenía que hacer y confió en que Dios se encargaría del resto.

Juliana de Norwich, la anacoreta y mística inglesa del siglo XIV, se hace eco de este tema en su cita más conocida: "Todo irá bien, y todo irá bien, y toda clase de cosas irán bien", palabras que pueden parecer empalagosas o, sencillamente, fuera de lugar. Pero si recordamos que Juliana, viviendo aislada en una celda y sobreviviendo a una enfermedad que la acercó a la muerte, no emite una afirmación para hacer sentir bien, sino una declaración de confianza en el amor de Dios, empezamos a ver que ella también está caminando tras los pasos de María, y lo mismo debemos hacer nosotros. La cita de Juliana continúa: "porque hay una fuerza de amor que se mueve por el universo y que nos sujeta y nunca nos dejará ir".

María llevaba esa fuerza en su interior; Isabel la reconoció; Juliana y otros místicos lo experimentaron. A nosotros nos corresponde confiar en que esa misma fuerza nos guía a casa, y que todas las promesas de Dios se cumplirán.

Meditación: Muchas de las citas de los santos pueden parecer a primera vista un poco irreales, pero, cuando se ponen en contexto, revelan vidas de sufrimiento y de prueba. La nuestra no es una fe construida sobre sentimientos de tarjetas de felicitaciones, sino sobre verdades duramente obtenidas. ¿Qué palabras te llaman hoy, pidiéndote que mires por debajo de la superficie?

Oración: Querido Dios, confiamos en que todo irá bien en tu tiempo, si no en el nuestro. No siempre es fácil confiar, pero cada día empezamos de nuevo, creyendo en tus promesas y planes.

22 de diciembre:
Jueves de la cuarta semana de Adviento

Dar y recibir

Lecturas: 1 Sm 1, 24-28; Lc 1:46-56

Escritura:
"Éste es el niño que yo le pedía al Señor y que él me ha concedido. Por eso, ahora yo se lo ofrezco al Señor, para que le quede consagrado de por vida". (1 Sm 1, 27-28a)

Reflexión: Oraciones contestadas. A menudo traen consigo una gratitud inmediata, pero tendemos a dejar que ese brillo se desvanezca una vez que hemos aceptado nuestra buena fortuna y la asimilamos en nuestra realidad como algo "normal", tal vez incluso merecido.

En la primera lectura de hoy, Ana nos muestra el opuesto extremo, en algunos aspectos casi demasiado extremo para que lo apreciemos. Rezó por un hijo y, al recibirlo, lo regresó al Señor. ¡Ella lo dejó literalmente en el templo! Al escuchar esta lectura, nuestros oídos modernos pueden oír algo un poco trastornado en esa decisión de Ana, pero ella sabía que Samuel se dedicaría a la obra del Señor, y por eso estaba dispuesta a devolverle a Dios el regalo que él le había dado.

María se hace eco de los sentimientos de Ana en las palabras hermosas y conocidas del Magníficat del Evangelio de hoy. "Porque ha hecho en mí grandes cosas el que todo lo puede. Santo es su nombre". En el caso de María, el regalo que recibió fue inesperado y aterrador, y sin embargo la oímos expresar gratitud y no miedo. Esto es pura gratitud, gratitud por la bondad de Dios, sin importar las respuestas que se reciban, sin importar lo que surja después.

Muchas veces nos acercamos a Dios como lo haríamos con una máquina expendedora: introducimos una oración, y obtenemos un favor. Y si tenemos mucha suerte, tal vez recibamos más de lo que pedimos, más de lo que merecemos. Damos las gracias a Dios en ese momento, tal vez rezamos otra vez, encendemos una vela, se lo decimos a los demás, pero ¿tendríamos el valor de devolvérselo todo a Dios, tal como hicieron Ana y María? ¿Podríamos rezar por algo y luego, al recibirlo, ponerlo completamente en las manos de Dios?

Meditación: Oímos muy poco de María en las Escrituras, pero hoy se nos da tanto que es casi imposible asimilarlo todo. Dedica un tiempo a las palabras del cántico de María en el Evangelio de hoy, meditando cada línea y lo que significaba para ella en ese entonces y para nosotros hoy.

Oración: Santísima Virgen María, tus palabras nos dan esperanza y nos recuerdan la gran misericordia de Dios. Acompáñanos a enfrentarnos a todo aquello que nos asusta. Ayúdanos a recordar las cosas buenas que el Altísimo ha hecho por nosotros.

23 de diciembre:
Viernes de la cuarta semana de Adviento

Signos y maravillas

Lecturas: Ml 3, 1-4, 23-24; Lc 1:57-66

Escritura:
Cuantos se enteraban de ello se preguntaban impresionados: "¿Qué va a ser de este niño?" Esto lo decían, porque realmente la mano de Dios estaba con él. (Lc 1, 66)

Reflexión: Nuestras lecturas de la Escritura de esta semana están llenas de profetas y signos, personas cuyas vidas estuvieron marcadas por Dios antes de que respiraran, hombres y mujeres que caminaron por el sendero de Dios con una singularidad de propósito sin importar lo que estaba sucediendo a su alrededor. Todo esto, por supuesto, nos lleva hacia *el* signo, aquel que pronto vendrá al mundo para cumplir con todo lo que vino antes y para transformar todo lo que vendrá después.

El nacimiento de Juan Bautista en el Evangelio de hoy nos acerca al nacimiento del salvador, dejándonos entrever la conmoción y el asombro que rodearon el nacimiento de Juan y lo mucho que la llegada de Jesús al mundo puede hacer sacudir las bases de todo lo que todos creían saber sobre Dios, sobre el mundo, sobre la salvación.

La transformación nunca ocurre bajo nuestros propios términos, al menos no cuando hemos volcado nuestra transformación a Dios. La transformación requiere que permitamos que Dios nos perfeccione y purifique, como oímos de Elías en la primera lectura de hoy, que permitamos que Dios nos lleve a donde no queremos ir pero *debemos* a fin de florecer en lo que estamos llamados a ser. María y José e Isabel y Zacarías vivían sus vidas según sus propios planes y tradiciones, cuando Dios intervino y les dio un rumbo nuevo, un destino diferente que nadie podía predecir ni siquiera ver claramente en ningún mapa o carta.

Esto es lo que hace Dios. Dios trastorna nuestras vidas y, si estamos dispuestos a soltar el control, nos guía a lugares que nunca imaginamos posibles.

Meditación: El Evangelio de hoy está lleno de esa fe y esperanza: desde el embarazo improbable de Isabel y su hijo recién nacido, hasta el nombre que eligieron, pasando por el discurso de Zacarías, que de repente vuelve a ser un torrente de bendiciones. ¿Cuántas veces estamos dispuestos a perder las esperanzas? ¿Podemos resistir con fe, confiando en los tiempos de Dios?

Oración: Dios de toda fidelidad, hoy miramos a Isabel y a Zacarías como modelos de confianza plena en tu palabra. Rezamos para tener una fe tan audaz que nunca dudemos de hacia dónde nos conduces.

24 de diciembre:
Sábado de la cuarta semana de Adviento (Nochebuena)

Abandonados en la esperanza

Lecturas: 2 Sm 7, 1-5, 8b-12, 14a, 16; Lc 1, 67-79

Escritura:
"Por la entrañable misericordia de nuestro Dios,
nos visitará el sol que nace de lo alto
para iluminar a los que viven en tinieblas y en sombras de
muerte,
para guiar nuestros pasos por el camino de la paz".
(Lc 1, 78-79)

Reflexión: Al escuchar las palabras de Zacarías en el Evangelio de hoy, ¿podemos imaginar lo que sentía cuando pronunció esas palabras, como tantas personas de aquella época, y todavía en la nuestra, creían que el Mesías haría por ellos de manera literal? Mucha gente en la época de Zacarías esperaba que el Mesías diera lugar a la revolución política y a la paz eventual y prosperidad para Israel. También nosotros podemos creer que entregar nuestras vidas a Dios significará un éxito terrenal y un sin fin de felicidad.

Pero esa no era la promesa de Dios para ese entonces y tampoco lo es ahora. Confiar en Dios no significa que obtengamos riqueza y éxito, poder y prosperidad, o un pase libre para los problemas de la vida. Significa que tenemos un Dios que nos amará a través de los problemas, un Dios que nunca nos dará la espalda. En su *Oración del abandono*, Thomas Merton, el famoso monje trapense, escribió: "Creo que el deseo de agradarte, de hecho te agrada. Y espero tener ese deseo en todo lo que haga. Espero que nunca haga algo apartado de ese deseo. Y sé que si hago esto me llevarás por el camino correcto, aunque yo no me de cuenta de ello. Por lo tanto, confiaré en ti aunque parezca estar perdido a la sombra de la muerte. No tendré temor porque estás siempre conmigo, y nunca dejarás que enfrente solo mis peligros".

Al igual que Zacarías, la compasión tierna de nuestro Dios guiará nuestros pies hacia la paz si estamos dispuestos a abandonarnos a la misericordia y al amor de Dios.

Meditación: Si alguien te prometiera un reino, ¿imaginarías riqueza y poder o resurrección y salvación? Nuestras mentes humanas anhelan riqueza y poder, pero día tras día profesamos la fe en la resurrección y la salvación. ¿Podemos aceptar la gratificación tardía? ¿Gloria tardía?

Oración: Mi Señor Dios, te pedimos el valor de abandonarnos a tu gracia, a tu promesa. Anhelamos el camino de la paz del que habla Zacarías. Guía nuestros pasos cada vez más cerca de tu reino.

TIEMPO DE NAVIDAD

25 de diciembre:
La Natividad del Señor (Navidad)

Las palabras son importantes

Lecturas:
VIGILIA: Is 62, 1-5; Hch 13, 16-17, 22-25; Mt 1, 1-25 o
   1:18-25
MEDIANOCHE: Is 9, 1-6; Tit 2, 11-14; Lc 2, 1-14
AURORA: Is 62, 11-12; Tit 3, 4-7; Lc 2:15-20
DÍA: Is 52, 7-10; Heb 1, 1-6; Jn 1, 1-18 o 1, 1-5, 9-14

Escritura:
En el principio ya existía aquel que es la Palabra,
   y aquel que es la Palabra estaba con Dios y era Dios.
   Ya en el principio él estaba con Dios. (Jn 1, 1)

Reflexión: Todo lo que hemos estado deseando, esperando, anhelando se nos da hoy. A partir de este día todo cambia. Puede parecer un poco abrumador cuando intentamos comprenderlo todo y lo que significa para cada uno de nosotros, desde la poesía de Isaías y la larga y hermosa genealogía de Jesús, hasta los mensajes de los ángeles y los pastores en su asombro. No es de extrañar que cantemos: "¡Alegría para el mundo!". Nuestros corazones están tan llenos que es todo lo que podemos hacer para no saltar como niños pequeños a punto de romper un regalo envuelto en un papel brillante.

En medio del entusiasmo, el Evangelio de Juan atraviesa todos los detalles hasta llegar al corazón místico del asunto:

Jesús es la Palabra de Dios, el Logos, uno y el mismo con Dios desde antes del comienzo de los tiempos. Y Juan nos asegura que, si vivimos en él y con él, nunca estaremos abandonados en las tinieblas, por muy oscuro que a veces parezca el mundo, incluso en medio de la celebración y las luces parpadeantes. "Le pondrán el nombre de Emmanuel, que significa: 'Dios con nosotros'", profetizó Isaías (véase Mateo 1, 24). Aunque el Dios encarnado que entró en escena y fue acostado en un pesebre en Belén no está físicamente entre nosotros como lo estuvo hace 2.000 años atrás, está con nosotros de igual manera, más aún. Porque vivió y murió y resucitó para que tuviéramos vida y la tuviéramos más plenamente.

Jesús ilumina el camino, la Palabra de Dios siempre presente, si estamos dispuestos a escuchar, como decía san Benito, con "el oído del corazón [nuestro]".

Meditación: Imagina que estás en un campo en una noche despejada cuando aparece un mensajero y te dice: "Ve, tu Salvador te está esperando". ¿Tú qué harías? Hoy, a pesar de la falta de ángeles visibles entre nosotros, el mensaje es el mismo: ¡Ve! ¡Tu Salvador está esperando!

Oración: Jesús, nuestro Emmanuel, te damos las gracias por entrar a nuestro mundo para traer luz y amor a la oscuridad del sufrimiento humano. Confiamos en tu palabra y nos regocijamos en tus promesas.

26 de diciembre: San Esteban, protomártir

La confianza total

Lecturas: Hch 6, 8-10; 7, 54-59; Mt 10:17-22

Escritura:
"Pero, cuando los enjuicien, no se preocupen por lo que van a decir o por la forma de decirlo, porque, en ese momento se les inspirará lo que han de decir". (Mt 10, 19)

Reflexión: Hace aproximadamente un año, me llamaron para dar testimonio en una declaración jurada. Nunca había hecho algo así, y tenía mucho miedo de lo que iba a suceder. No tenía miedo por haber hecho algo malo, sino porque quería estar segura de que tendría las respuestas a cualquier pregunta y sería capaz de decir toda la verdad sin dudar de mi memoria o sentirme insegura. Antes de enfrentar la situación, le recé al Espíritu Santo para que me diera las palabras que necesitaba. Yo hago lo mismo justo antes de dirigir un retiro, dar una charla, salir en la radio o iniciar una reunión importante de trabajo. Dios nos promete que si confiamos, se nos dará lo que necesitamos cuando lo necesitamos.

Pocos de nosotros seremos llamados a tener el tipo de confianza que vemos en Esteban en la primera lectura de hoy, cuando voluntariamente entrega su vida por la verdad. Desgraciadamente, en los últimos años han habido bastantes ocasiones en las que hemos tenido motivos para ver ese valor entre los cristianos de otros países, y a menudo, como en el caso de Esteban, el nombre de Jesús es una de las últimas palabras en sus labios. Una fe tan profunda, una confianza tan inquebrantable.

Dios nos llama a confiar en las cosas grandes y pequeñas, pero a menudo tenemos demasiado miedo de soltar y entregarnos a aquel que siempre nos salvará. ¿Podemos pronunciar el nombre de Jesús con reverencia cuando tenemos miedo y sabemos que el Espíritu nos llevará hacia donde tenemos que ir?

Meditación: Cada vez que te encuentres hoy con algo que te preocupe, haz una pausa e invoca el nombre de Jesús. Reza la oración sencilla pero poderosa de santa Faustina: "Jesús, en ti confío", y observa cómo esas palabras cambian el paisaje.

Oración: Espíritu de Dios, acompáñanos en los momentos buenos y malos. Danos las palabras que necesitamos, el valor que anhelamos, la confianza que nos llevará a casa.

Poesía de la oración

Lecturas: 1 Jn 1, 1-4; Jn 20, 1a, 2-8

Escritura:
Les escribimos esto para que se alegren y su alegría sea completa. (1 Jn 1, 4)

Reflexión: La poesía que se desprende de los escritos atribuidos a san Juan, cuya fiesta celebramos hoy, capta no sólo una historia, sino un sentimiento. Desde las palabras iniciales del Evangelio hasta las lecturas que escuchamos hoy, podemos leer, sentir y percibir que Juan estaba realmente lleno de gozo por las palabras y misión de Jesucristo.

Hoy Juan escribe que anota estas palabras "para que se alegren y su alegría sea completa". La alegría no estaba sólo en el hecho de vivir y dar testimonio, sino en el hecho de compartir. Los seguidores de Jesús, los que vivieron junto a él y lo vieron hacer milagros, predicar parábolas, morir y resucitar, no se contentaron con guardarse la palabra para ellos mismos o con saber que mientras sus vidas fueran tocadas, sus almas salvadas, no necesitaban nada más. No. A fin de que la alegría fuera completa, para hacer lo que el Maestro les pedía, tenían que compartir: escribir, predicar, dar testimonio, tal vez incluso morir.

No estamos llamados a hacer menos que eso. No es suficiente tener una relación privada con Jesús, que por supuesto es fundamental para nuestro propio camino de fe. Debemos compartir las Buenas Nuevas de Jesucristo, no necesariamente a través del fanatismo bíblico o tocando puertas, sino por la manera en que vivimos nuestras vidas, la verdad que decimos, el bien que hacemos, la manera en que amamos a nuestro prójimo.

A veces no tengo pensamientos reconfortantes cuando miro mis acciones cotidianas en comparación con mi profesión de fe. Y eso está bien. Somos seres humanos y podemos volver a empezar todos los días.

Meditación: Si alguien observara la manera en que vives tu vida, ¿cuál sería su conclusión? Un fraile dominico, en una Misa a la que asistí, predicó que no cree que los ateos existan porque todo el mundo tiene algo en su vida que se convierte en un dios, algo que se valora por encima de todo. ¿Qué valoras tú? ¿Qué compartes con el mundo?

Oración: San Juan, discípulo amado de Cristo, ayúdanos a conocer la alegría completa de vivir y difundir el Evangelio, como tú sigues haciendo mediante la poesía y el poder de tu testimonio fiel escrito en la historia de nuestras vidas.

Picos y valles

Lecturas: 1 Jn 1, 5–2,2; Mt 2:13-18

Escritura:

Queridos hermanos: Éste es el mensaje que hemos escuchado de labios de Jesucristo y que ahora les anunciamos: Dios es luz y en él no hay nada de oscuridad. (1 Jn 1, 5)

Reflexión: Acabamos de salir de la gloria y la belleza de Belén, y aquí estamos hoy, sumidos en la oscuridad, llorando con Raquel por sus hijos. ¿Cómo puede ser esto? ¿No podemos disfrutar de la luz al menos un poco?

Lamentablemente, no se trata sólo de un relato de hace mucho tiempo en la antigüedad; esto es la vida humana, la vida cotidiana. No se nos prometen sólo milagros y alegría en la cima de la montaña. Los valles son reales y profundos y a menudo muy oscuros. Pero en la primera lectura de hoy Juan nos recuerda que no hay oscuridad en nuestro Dios. Si mantenemos los ojos, el corazón y la mente puestos en Dios, habrá luz, aunque a veces parezca muy pequeña. Si permanecemos enfocados en la luz, la oscuridad nunca nos vencerá.

Recuerdo cuando mis hijos eran pequeños y de cómo necesitaban una pequeña luz nocturna en la esquina de sus habitaciones para poder dormirse. El diminuto resplandor no significaba que pudieran ver lo que ocurría a su alrededor, pero de alguna manera esa luz tenue que brillaba en la oscuridad era suficiente para permitirles relajarse y confiar. Dios es así para cada uno de nosotros, una luz que brilla en los rincones oscuros de nuestras almas, los lugares donde las preocupaciones enconan y las vergüenzas acechan.

Pero Dios no nos dejará ahí. Dios sigue haciendo brillar la luz de su amor en nuestras vidas, esperando que volvamos nuestros rostros hacia él y sintamos el resplandor y dejemos ir todo lo que nos haga llorar para que Dios pueda llevar esa carga con nosotros, por nosotros.

Meditación: El cantautor canadiense Leonard Cohen escribió estas palabras impactantes en su tema *Anthem* (himno): "Todo tiene una grieta, así es como penetra la luz". Hoy mira las grietas de tu vida y fíjate en los lugares en los que la luz de Dios está tratando de brillar.

Oración: Dios de luz y amor, nos dirigimos hacia ti, como Raquel que llora por sus hijos, y anhelamos consuelo y paz. Cuando estemos en los valles más profundos de nuestras vidas ayúdanos a aferrarnos a tu promesa.

29 de diciembre:
Quinto día de la Octava de la Natividad del Señor

Opción múltiple

Lecturas: 1 Jn 5, 5-11; Lc 2:22-35

Escritura:
Precisamente en esto conocemos que estamos unidos a él. El que afirma que permanece en Cristo debe de vivir como él vivió. (1 Jn 2, 5b-6)

Reflexión: El odio puede ser algo sigiloso. Puede abrirse camino hasta las hendiduras de nuestros corazones e instalarse, silenciosamente y sin mucha fanfarria, y es allí donde radica el problema. Aunque nunca le digamos las palabras "te odio" a alguien (al menos no en su cara), podemos albergar esos sentimientos hacia ellos de manera poderosa, a veces sin saberlo.

Piensa en las personas que te han hecho un daño terrible, no me refiero a las cosas pequeñas, sino a las dolorosas; Me refiero a las cicatrices, al dolor que cambia la vida. Tal vez el daño ni siquiera fue contra ti personalmente, sino contra alguien que amas, o quizás incluso contra *algo* que amas. No puedo evitar pensar en nuestra iglesia y en las cicatrices de guerra que enfrenta por estar sumida en el escándalo de los sacerdotes que abusaron sexualmente de niños y de obispos que estuvieron dispuestos a mirar hacia otro lado. Para muchos de nosotros, incluyendo los que pueden haber abandonado el redil debido al escándalo, estos crímenes y pecados más profundos provocan un sentimiento hacia los autores que sólo puede describirse como odio. La idea de amar a esas personas como "hermanos", como nos instruye Juan, puede no solo ser apremiante, sino también repulsiva.

El camino de Jesús nunca es fácil, ¿verdad? Aprender a amar a nuestros enemigos y a ser amables con quienes nos hieran no es el camino humano, no es el camino del mundo, y, por mucho que lo intentemos, puede ser una tarea muy difícil incluso cuando estemos comprometidos con el camino de Dios. "Quien afirma que está en la luz y odia a su hermano, está todavía en las tinieblas" (1 Juan 2, 9).

Dios nos ofrece una opción, no una fácil si nos tomamos en serio la enseñanza, pero una elección al fin y al cabo: ¿oscuridad o luz?

Meditación: Viaja a lo más recóndito de tu corazón y busca el odio oculto que pueda vivir allí. Al hacerlo, casi que podemos sentir una reacción física, una tensión. ¿Podemos ablandarnos un poco y permitirle a Dios entrar en ese espacio?

Oración: Dios de la misericordia, ablanda nuestros corazones hacia los que nos han hecho daño para que podamos caminar como caminó Jesús y permanecer en la luz de tu amor eternamente.

30 de diciembre:
La Sagrada Familia de Jesús, María y José

Soltar las riendas

Lecturas: Eclo 3, 2-6, 12-14 o Col 3, 12-21 o 3, 12-17; Mt 2, 13-15, 19-23

Escritura:

Que en sus corazones reine la paz de Cristo, esa paz a la que han sido llamados, como miembros de un solo cuerpo. Finalmente, sean agradecidos. (Col 3, 15)

Reflexión: ¿Cómo sería si pudiéramos o *dejáramos* que la paz de Cristo controlara nuestros corazones, como nos aconseja hoy san Pablo? Sólo imaginar esa posibilidad hace que mis hombros se relajen y que mi mandíbula se afloje un poco. Suena tan relajante, tan refrescante, tan imposible. Al menos para una personalidad tipo A ¡como la mía! Solemos sentir que necesitamos tener el control de todo, no sólo de nuestras propias emociones y pensamientos, sino también de los de los demás. Nos engañamos a nosotros mismos pensando que tratar de controlar las cosas aliviará nuestra preocupación y nos dará un sentido de acción y propósito. Pero normalmente sucede todo lo contrario porque, seamos realistas, nunca tenemos el control.

Hoy, en esta fiesta de la Sagrada Familia, podemos ver el mejor ejemplo de pérdida de control o, mejor dicho, de renuncia al control por algo más grande. ¿Cuánto tuvieron que pasar María, José y Jesús que no coincidía con sus propios planes? Nada de eso fue según sus planes. Ni el nacimiento, ni la huida, ni la profecía de un corazón atravesado. Y, sin embargo, cada uno se alejó del caos y del miedo para decir: "sí". Fueron donde los guiaba el Señor, incluso cuando era un pesebre, una tierra desconocida, un camino al Calvario.

Nuestras vidas están llenas de miedos, incluso cuando vivimos de una manera cómoda y tranquila en relación con la mayoría. Es la naturaleza de esta cosa llamada vida. Pero Jesús ofrece una promesa de paz y nos invita, nos *llama* a unirnos a él allí, a entregar lo que sea que nos persiga, que nos retenga, que nos de temor. Jesús nos llama a renunciar al control y finalmente a obtener nuestra libertad.

Meditación: ¿Qué es lo que hoy te da temor? ¿Dónde estás intentando ejercer el control y perdiendo la batalla? ¿Puedes soltar un poco las riendas? ¿Puedes entregárselo a Jesús y descansar en su paz?

Oración: Jesús, Príncipe de la paz, anhelamos la fe de tu Sagrada Familia, la fe que confía sin cuestionar, que actúa sin temor. Te pedimos una pizca de esta gracia y de esta paz hoy en nuestras propias vidas.

La gracia y la verdad

Lecturas: 1 Jn 2, 18-21; Jn 1, 1-18

Escritura:
De su plenitud hemos recibido todos gracia sobre gracia.
Porque la ley fue dada por medio de Moisés,
mientras que la gracia y la verdad vinieron por Jesucristo.
    (Jn 1, 16-17)

Reflexión: La gracia puede ser difícil de determinar, como lo es tratar de atrapar una nube o aferrarse a una brisa. Hace años, mientras escribía un libro de introducción al catolicismo, me esforcé por definir la gracia de manera tal que tuviera sentido para la gente, especialmente para quienes nunca habían contemplado esa palabra. ¿Cómo describir algo tan etéreo y trascendente? En cierto modo entendemos lo que significa a nivel instintivo, pero ponerlo en palabras es otra historia. Bono, del grupo de rock irlandés U2, canta en su canción *Grace* (gracia): "La gracia saca belleza de las cosas feas. La gracia encuentra belleza en todo". Por la gracia, canta, las cosas que solían doler ya no lo hacen. Parece tan sencillo al oírlo expresado de esa manera, ¿verdad?

    Todos necesitamos la gracia para vivir esta vida, para vivir este día, pero tenemos que quererla y buscarla y estar atentos a ella, o es muy probable que no la veamos cuando esté justo ahí frente a nosotros. En la Escritura de hoy, Juan nos recuerda que los que siguen a Jesús recibirán su gracia, no sólo una vez, no sólo un poco, sino "gracia sobre gracia". Es un regalo que recibimos por la simple razón de andar por esta vida y volvernos hacia Dios.

El catecismo define la gracia como "un favor o don gratuito concedido por Dios". La próxima vez que no puedas encontrar la gracia, ábrete a lo que ya existe, y deja que Dios convierta en belleza todo en tu vida.

Meditación: Mira tu vida ahora mismo, no importa dónde estés en este momento, y ve si puedes detectar la gracia que está disponible para ti en este momento. Si no puedes hacerlo, pídele a Dios que te abra los ojos a todo lo que es tuyo para pedirlo.

Oración: Dios de la verdad y la gracia, toca los rincones oscuros de nuestras vidas y las partes feas de nuestros pasados con la luz y belleza que Jesús vino al mundo a traernos a cada uno de nosotros.

1 de enero:
Solemnidad de Santa María, Madre de Dios

Trabajo del corazón

Lecturas: Nm 6, 22-27; Ga 4, 4-7; Lc 2:16-21

Escritura:
María, por su parte, guardaba todas estas cosas y las meditaba en su corazón. (Lc 2, 19)

Reflexión: Todos tenemos momentos de nuestra vida, recuerdos, tanto buenos como malos, que están guardados en nuestro corazón. De vez en cuando, en fechas determinadas o cuando oímos una canción determinada o percibimos un aroma determinado, podemos encontrarlos saliendo a la superficie, como si fuera por su propia voluntad. En cada latido de nuestros corazones, estos recuerdos y momentos se sienten tan reales como el día en que ocurrieron por primera vez.

En esta fiesta, la Solemnidad de Santa María, Madre de Dios, imaginamos un corazón tan lleno de recuerdos y milagros, de sufrimientos y penas, que casi podemos sentir su peso en nuestro propio corazón, el dolor de guardar todas esas cosas dentro con tanta gracia, fe y confianza. En las Escrituras no vemos ninguna escena en la que María enloquezca, como a veces podríamos hacerlo nosotros en nuestra propia vida, diciendo que odia su vida, o gritando "¿Por qué a mí?", no con asombro sino con pendencia. En cambio, vemos la gracia bajo presión, un corazón atravesado pero que continúa latiendo ferozmente, por Dios, por su Hijo y por todos nosotros.

Se trata de un vínculo íntimo que compartimos con Jesús, una madre que le dio su Padre y que nos dio el mismo Jesús en la cruz. Su madre es nuestra madre; La madre de Dios es nuestra madre. Qué regalo enorme, qué verdad increíble, algo que hay que guardar en lo más profundo de nuestros corazones. Cuando la vida nos supere, podemos permitir que salga a la superficie y nos apoye, recordándonos que no estamos solos, que tenemos un Salvador y una madre que lo han experimentado todo.

Meditación: ¿Qué te evoca la palabra "madre"? Para algunos podría ser un amor incondicional. Para otros podría ser un recuerdo teñido de dolor. Ahora vuelve la vista hacia nuestra madre universal, María. Hoy permite que María te consuele. Háblale, desde tu corazón atravesado al suyo.

Oración: Santa María, Madre de Dios, ruega por nosotros, tus hijos, y llévanos cada vez más cerca de tu hijo, el niño que llevaste, que criaste, que contemplaste en la cruz y en tus brazos.

2 de enero: Santos Basilio Magno y Gregorio Nacianceno, obispos y doctores de la Iglesia

Avance rápido

Lecturas: 1 Jn 2, 22-28; Jn 1, 19-28

Escritura:
Juan les contestó:
> *"Yo soy la voz que grita en el desierto:*
> *'Enderecen el camino del Señor' ".* (Jn 1, 23)

Reflexión: A medida que nos acercamos al final de la temporada navideña, de repente tenemos una lectura del Evangelio que nos hace detenernos por un momento y preguntarnos si no hemos dado un salto por error a la Cuaresma. Pasamos de la presentación y circuncisión del niño Jesús a la escena de hoy de Juan Bautista profetizando sobre el que viene. Al principio puede parecer un poco incoherente. Queremos más de María, Jesús y José, más información sobre su familia, su hogar, sus vidas. Más detalles sobre cómo fue criar al niño que sería el Salvador del mundo.

Pero las Escrituras no nos proporcionan esas historias. Podemos imaginar que Jesús aprendió a ser carpintero junto a José, que aprendió a crecer en la fe y el amor junto a su madre, que aprendió las tradiciones y oraciones judías dentro de su comunidad, pero desconocemos esas escenas o hechos reales. Sin embargo, lo que hoy nos dice Juan es todo lo que realmente necesitamos. Porque el hombre que es el

Mesías no podría haber alcanzado ese pináculo espiritual sin las manos diestras de María y José a lo largo de su infancia y juventud.

A menudo hablamos de la "iglesia doméstica", el lugar en casa, entre nuestras familias, donde aprendemos primero sobre Dios y sobre cómo amar incondicionalmente. Y así habría sido para Jesús, que surgirá en la escena escriturística para llenar el mundo, y a cada uno de nosotros, no sólo con el amor y la misericordia de su Padre celestial, sino con el amor y la compasión de sus padres terrenales.

Meditación: Ubícate en una escena perdida de la juventud de Jesús. ¿Estás jugando con él afuera de su casa? ¿Aprendiendo la Torá con él? ¿Esperando que entregue una mesa recién construida? Imagina a Jesús joven, aprendiendo y creciendo. Conoce al mismísimo Jesús de Nazaret.

Oración: Dios encarnado, te damos las gracias por convertirte en uno de nosotros, por conocer el dolor y la alegría de ser humano, por caminar en esta tierra como lo hacemos ahora, por entrar a este mundo para salvarlo y salvarnos.

3 de enero: Martes del tiempo de Navidad
(El Santísimo Nombre de Jesús)

Hijos de Dios

Lecturas: 1 Jn 2, 29–3:6; Jn 1, 29-34

Escritura:
Miren cuánto amor nos ha tenido el Padre, pues no sólo nos llamamos hijos de Dios, sino que lo somos. Si el mundo no nos reconoce, es porque tampoco lo ha reconocido a él. (1 Jn 3, 1)

Reflexión: Las palabras de Juan en la primera lectura de hoy pueden ser una lección sobre la frustración. Dice que somos hijos de Dios y, sin embargo, también dice: "Todo el que permanece en Dios, no peca. Todo el que vive pecando, es como si no hubiera visto ni conocido a Dios" (1 Jn 3, 6). Yo, por mi parte, intento una y otra vez "permanecer en Dios", pero, déjenme decirles que peco una y otra vez. Y no puedo hacer que eso pare. Porque soy un ser humano.

Todos somos seres humanos. No podemos ser lo que fue Jesús porque no somos Dios, y no podemos convertirnos en dioses. Entiendo que Juan es poético (y lo aprecio por ello), pero para los que estamos en los asientos baratos, esta lectura puede resultar contraproducente. Si no podemos pertenecer a Dios a pesar de nuestros pecados, ¿cómo podemos levantarnos por la mañana? ¿Cómo podemos arrastrarnos sobre nuestras rodillas espirituales a los pies del Señor, y de aquellos a los que les hemos hecho daño, y suplicar el perdón y un nuevo comienzo?

Nuestro Dios es un Dios de segundas oportunidades, de volver a empezar, de no decir nunca "estás demasiado lejos de ser salvado". Por supuesto, tenemos que leer a Juan según la época y lugar de la escritura, probablemente en algún momento de finales del siglo I. Jesús no era un recuerdo lejano, sino una realidad bastante reciente. Ahora, más de dos mil años después, sabemos cuán profundo pueden pecar los seres humanos, incluso cuando profesan creer en Jesús. Puede que no hayamos conocido a Jesús en persona, pero lo conocemos en nuestros corazones, y sabemos que él nos ve, nos conoce y nos ama pase lo que pase. La desesperación no es una opción.

Meditación: Podemos ser duros con nosotros mismos cuando se trata de fe. Queremos ser perfectos, y eso es un ideal bonito, pero no es la realidad. Está bien. Cada día podemos volver a empezar. Nuestros errores no nos definen porque somos hijos de Dios.

Oración: Padre Celestial, queremos evitar el pecado, pero luchamos, contra nuestro ego, nuestro deseo de ser queridos, de ser importantes, de tener éxito. Ayúdanos a dejar de luchar y a descansar en tu amor y tu misericordia.

Objetos perdidos y encontrados

Lecturas: 1 Jn 3:7-10; Jn 1:35-42

Escritura:
El primero a quien encontró Andrés, fue a su hermano Simón, y le dijo: "Hemos encontrado al Mesías" (que quiere decir 'el Ungido'). (Jn 1, 41)

Reflexión: Hoy vemos los inicios del discipulado. "Vengan a ver", dice Jesús, y los que le escuchan lo hacen, y no se van porque lo que ven y oyen los mantiene anclados al suelo junto a él. Andrés le dice a su hermano Simón: "Hemos encontrado al Mesías".

Como lectores modernos, lo tomamos con calma. Ah, sí, encontraron al Mesías. Pero espera. ¿Qué? ¡Han encontrado al Mesías! Esto no fue algo casual; esto fue algo que sacudió la vida y cambió el mundo. Incluso el nombre de Simón fue cambiado. *Todo* cambió en aquellos momentos en que los apóstoles fueron llamados por su nombre por el Mesías para seguirlo. Lo mismo se espera de nosotros. No podemos limitarnos a decir "Sí, sí, Señor" y seguir con la vida sin cambios. Si Jesús no nos cambia, entonces no estamos escuchando sus palabras, porque sus palabras son revolucionarias, no sólo en un sentido general, sino en un sentido personal. Dorothy Day, que vivió el evangelio de Jesucristo como alguien llamada por el mismísimo maestro, dijo: "El mayor desafío del día es: ¿cómo hacer una revolución del corazón, una revolución que tiene que comenzar con cada uno de nosotros?".

El encuentro con Jesús para Andrés y Simón, en el Evangelio de hoy, desencadenó esa revolución individual y, finalmente, una revolución histórica y espiritual que cambió nuestro mundo para siempre. No tenemos que dejar atrás nuestras redes, ni nuestras familias, ni siquiera nuestras casas cómodas, pero sí estamos llamados a dejar atrás nuestras ideas cómodas y a adentrarnos en los lugares, a veces aterradores, a los que nos llama Jesús, confiando en que todo va según lo previsto, porque hemos encontrado al Mesías.

Meditación: Santa Isabel Ana Seton, cuya fiesta celebramos hoy, dijo: "Dios mío, perdona lo que he sido, corrige lo que soy y dirige lo que seré". Así es como comienza una revolución del corazón, con la entrega.

Oración: Jesús, nos has llamado por nuestros nombres. Danos la voluntad de ser formados nuevos por ti y en ti, de dar el paso revolucionario de la entrega total a tu voluntad y amor.

5 de enero: San Juan Nepomuceno Neumann, obispo

El amor sobre el odio

Lecturas: 1 Jn 3, 11-21; Jn 1:43-51

Escritura:
El que odia a su hermano es un homicida y bien saben ustedes que ningún homicida tiene la vida eterna. (1 Jn 3, 15)

Reflexión: En aras de una revelación completa, la mañana en que me disponía a escribir la reflexión de hoy era un mal día, que llegaba al final de un par de semanas malas. Mientras me dirigía a mi computadora, pensé en el famoso momento "de las calles cuarta con Walnut" de Thomas Merton, cuando se paró en la esquina de una calle, miró a su alrededor y sintió un tremendo amor por todos los que estaban cerca de él, deseando poder decirles que todos "caminaban brillando como el sol". Y me dije en voz alta (y no estoy orgullosa de ello): "Sí, bueno, odio a todo el mundo". No me juzgues todavía; ¡la historia mejora! En mi estado lamentable, me senté en mi computadora portátil y busqué las citas de las Escrituras para la reflexión de hoy. Abrí 1 Juan 3, y quedé boquiabierta cuando vi la línea: "El que odia a su hermano es un homicida". Volví a decir en voz alta: "¡Bien jugado, Dios!"

La Escritura nunca deja de hacerme responsable de lo que pueda estar pensando o sintiendo en el momento en que busco las lecturas del día. Pero esta fue dura. ¿Realmente soy igual a un homicida? ¿Hay alguno de nosotros que sienta odio en un momento dado? No, no somos literalmente homicidas, pero estamos permitiendo un mal muy real en nuestros corazones cuando elegimos el odio sobre el amor. Así que mantengamos esta línea dura cerca de nosotros cuando el mundo se acerque y la vida nos supere. Es una pendiente resbaladiza la que va desde el odio con nuestro café matutino hasta el odio que hiere directamente a los demás.

Meditación: En el movimiento Encuentro Matrimonial hay un dicho: "Toma la decisión de amar". Es una elección diaria, una elección de minuto a minuto. Esto no es diferente del lema de Alcohólicos Anónimos: "Un día a la vez". Quizá haya que poner los dos juntos: Toma la decisión de amar un día a la vez.

Oración: Dios de la misericordia, enséñanos a amar como tú y a volver a ese amor cada vez que sintamos que los primeros signos de odio echan raíces en nuestros corazones. Te elegimos un día a la vez; elegimos el amor.

Buscando nuestras raíces

Lecturas: 1 Jn 5:5-13; Mc 1, 7-11 o Lc 3, 23, 31-34, 36, 38

Escritura:

. . . hijo de Enós, hijo de Set, hijo de Adán, hijo de Dios. (Lc 3, 38)

Reflexión: Comenzamos la temporada navideña con la genealogía de Jesús que Mateo nos presenta con su origen en Abraham. Ahora, en los últimos días de la temporada, completamos el círculo con la genealogía de Lucas, que va un paso más allá, vinculando el linaje de Jesús hasta Adán y, finalmente, hasta Dios. A menudo oímos que describen a Jesús como el nuevo Adán (y a María como la nueva Eva), corrigiendo lo que nuestros primeros padres figurados hicieron tan terriblemente mal, enderezando los renglones torcidos escritos por los que constituyen el primer eslabón de nuestro propio linaje espiritual. Jesús es el "sí" al "no" de Adán, el siervo sufriente que transforma la desobediencia voluntaria que nos cerró el paso a Dios durante tanto tiempo.

En la Primera Carta a los Corintios, san Pablo escribe: "Está escrito que el primer Adán era hombre dotado de aliento y vida; el último Adán, en cambio, viene como espíritu que da vida" (15, 45). Y en su Carta a los Romanos: "Por eso, desde Adán hasta Moisés, la muerte tuvo poder, incluso sobre aquellos que no desobedecían abiertamente como en el caso de Adán . . .". Y así como la desobediencia de uno solo hizo pecadores a muchos, así también por la obediencia de uno solo toda una multitud es constituida 'justa'" (5, 14,19). Nuestro árbol genealógico espiritual nos recuerda que no estamos atados a los errores de nuestro pasado ni a la historia que el mundo quiera escribir para nosotros, porque tenemos un Salvador que nos liberó de nuestras ataduras y, a pesar de nuestra propia desobediencia, para nosotros ganó la salvación eterna.

Meditación: ¿Cuál es tu linaje espiritual personal? Si tuvieras que rastrear tu fe hasta sus orígenes, ¿qué es lo que surgiría como elemento fundamental? Recuerda las figuras claves y los momentos de transformación. ¿Quién en tu vida hoy te sigue guiando en ese camino?

Oración: Jesús, nuestro hermano, gracias por ser las raíces de nuestro árbol familiar espiritual, por proporcionarnos el alimento y la fuerza que necesitamos. Ayúdanos a crecer en la luz de tu amor.

Madre e hijo

Lecturas: 1 Jn 5, 14-21; Jn 2, 1-11

Escritura:
"Mujer, ¿qué podemos hacer tú y yo? Todavía no llega mi hora". Pero ella dijo a los que servían: "Hagan lo que él les diga". (Jn 2, 4-5)

Reflexión: El intercambio entre Jesús y su madre en el Evangelio de hoy es al mismo tiempo familiar, esclarecedor y hasta divertido. Una madre es una madre, después de todo, ¡incluso cuando esa madre es la Madre de Dios! Y Jesús, como podría hacer cualquier hijo o hija, se eriza al ver que su madre le dice que haga algo que él no cree estar preparado para hacer. María, sabiendo muy bien que está hablando no sólo con su hijo sino con el Mesías, aparentemente lo ignora y les dice a los sirvientes que "hagan lo que él les diga". Como sabemos por esta primera historia de milagro en el Evangelio de Juan, Jesús, de hecho, hace lo que su madre le pidió: un milagro en una fiesta, un milagro que captura nuestros corazones y nuestra imaginación con su simplicidad y alegría.

Por si esto no fuera suficiente, por supuesto, está el vínculo de María con su hijo, un vínculo que los une no sólo entre sí, sino con cada uno de nosotros. Decimos las palabras del avemaría con confianza, sabiendo que, como lo hizo con los anfitriones de las bodas de Caná, María irá a Jesús y rogará por nosotros. Por nuestra parte, debemos esperar entonces a "hacer lo que él les diga". Y eso no es tan fácil. A menudo queremos el milagro sin la transformación necesaria. Queremos que la oración sea respondida sin tener que hacer ningún tipo de trabajo espiritual. Venimos a los pies del Señor, al corazón de María, anhelando algo que alivie nuestras almas sedientas, pero no podemos recibir el torrente de misericordia de Dios a menos que abramos nuestras manos y corazones para recibir lo que Dios ofrece, sin hacer preguntas.

Meditación: Ponte hoy en la fiesta de bodas. ¿Eres el anfitrión preocupado, la novia alegre, un invitado inconsciente, un sirviente que trae una jarra de agua y se pregunta qué podría suceder? Sumérgete en esta historia favorita y ve cómo se desarrolla.

Oración: Santísima Virgen María, nos dirigimos a ti una y otra vez en oración, sabiendo que intercederás por nosotros. *A Jesús a por María.* Que esas palabras nos sirvan de hoja de ruta, de mantra, de esperanza.

EPIFANÍA Y BAUTISMO DEL SEÑOR

Signos de maravillas

8 de enero: La Epifanía del Señor

Signos de maravillas

Lecturas: Is 60, 1-6; Ef 3, 2-3a, 5-6; Mt 2, 1-12

Escritura:
"¿Dónde está el rey de los judíos que acaba de nacer? Porque vimos surgir su estrella y hemos venido a adorarlo". (Mt 2, 2)

Reflexión: "Tener una epifanía" significa percibir o comprender repentinamente algo importante, incluso que puede cambiar la vida, y suele suceder en momentos y circunstancias aparentemente ordinarios. Todos hemos tenido esos momentos de ¡Ajá! que nos despiertan de nuestros tropiezos en la vida, a menudo inconscientes, ese instante en el que vemos u oímos o experimentamos algo que nos abre los ojos de golpe a una realidad que no podíamos percibir unos momentos antes.

No es de extrañar que el término "tener una epifanía" haya surgido de uno de los mayores momentos *"¡Ajá!"* de todos los tiempos: la visita de los reyes magos a la escena de la Natividad en Belén tras un viaje largo y arduo. Parece que la suya fue una epifanía de varias partes, provocada primero por un punto de luz en el cielo y sellada por la escena de un bebé en un pesebre. Lo que solemos olvidar es que incluso los momentos *"¡Ajá!"* que parecen surgir de la nada suelen estar basados en muchos momentos pequeños pero significativos que pasan desapercibidos hasta la gran revelación.

"El viaje implica siempre una trasformación, un cambio", dijo el Papa Francisco en la fiesta de la Epifanía de 2021. "Después del viaje ya no somos como antes. En el que ha realizado un camino siempre hay algo nuevo: sus conocimientos se han ampliado, ha visto personas y cosas nuevas, ha experimentado el fortalecimiento de su voluntad al enfrentar las dificultades y los riesgos del trayecto. No se llega a adorar al Señor sin pasar antes a través de la maduración interior que nos da el ponernos en camino".

Que todos nuestros viajes nos lleven a epifanías, y que nuestras epifanías nos transformen para que nunca seamos los mismos.

Meditación: Estamos tan acostumbrados a tener un GPS que nos guíe en cada paso de nuestro camino que puede que ya no sepamos abrirnos a lo inesperado. ¿Cuándo fue la última vez que dejaste que Dios marcara tu rumbo, incluso si eso significaba tomar el camino más apremiante?

Oración: Dios de la maravilla, vamos por la vida tan rápido que a menudo pasamos por alto los signos de tu presencia entre nosotros. Danos la paciencia para detenernos, para mirar hacia arriba, asombrarnos y estar abiertos y dispuestos a caminar hacia donde tú nos guíes.

Hacer fila

Lecturas: Is 42, 1-4 6-7; Hch 10,34-38; Mt 3:13-17

Escritura:
Al salir Jesús del agua, una vez bautizado, se le abrieron los cielos y vio al Espíritu de Dios, que descendía sobre él en forma de paloma. (Mt 3, 16)

Reflexión: Al entrar en la escena del río Jordán en el Evangelio de hoy, podemos encontrarnos con la misma pregunta que se hace Juan Bautista: ¿Por qué Jesús viene a ser bautizado por Juan y no al revés? Aunque sea un momento poderoso, también puede ser un momento confuso. He oído a predicadores hacer todo tipo de acrobacias homiléticas con este tema, pero creo que se reduce a algo mucho más sencillo y claro de lo que podríamos esperar. Jesús, que no tenía pecado, vino a tomar los pecados del mundo. No se bautizó porque necesitara que le perdonaran sus pecados (no tenía ninguno), sino porque nosotros necesitamos que nos perdonen *nuestros* pecados, así como más tarde sufriría y moriría en una cruz por nosotros sin tener culpa alguna. Así de mucho nos ama nuestro Dios. Nuestro Dios irrumpe en este loco mundo humano, con toda su angustia y dolor, y lo experimenta como nosotros a fin de salvarnos de nosotros mismos.

El Padre jesuita James Martin compartió esta idea sobre el bautismo de Jesús: "Una posible explicación de por qué Jesús eligió ser bautizado es que lo dio como una señal de que estaba a bordo con la misión más grande de Juan. Quería ocupar su lugar con el resto de los judíos que seguían a Juan en ese momento. De esa manera, es realmente un acto radical de humildad por parte de Jesús. Imagínelo parado en la fila esperando ser bautizado con todos los demás. Y es otra indicación de cuánto Dios quería estar con nosotros. En el bautismo Dios hizo fila".

Meditación: En el Evangelio de Juan, Juan Bautista dice "he visto al Espíritu bajar del cielo como una paloma y quedarse sobre él" sobre Jesús (1, 32), pero no está claro si alguien más lo vio. Para otros, Jesús puede haber parecido simplemente otro judío esperando su turno. ¿Cuántas veces Dios está a nuestro lado en la vida cotidiana y no nos damos cuenta?

Oración: Dios encarnado, gracias por convertirte en uno de nosotros para salvarnos. Que podamos reconocer tu presencia en los rostros de nuestros hermanos y hermanas, y en los momentos cotidianos de nuestra vida.

Referencias

Introducción

Henri J.M. Nouwen, "Una espiritualidad de la espera: Estar atentos a la presencia de Dios en nuestras vidas" (Notre Dame, Indiana: Ave Maria Press, 2014).

27 de noviembre: Primer domingo de Adviento

Flannery O'Connor, "Un hombre bueno es difícil de encontrar", en *Un hombre bueno es difícil de encontrar y otras historias* (Orlando: Harcourt, 1955), 95.

1 de diciembre: Jueves de la primera semana de Adviento

Henri J.M. Nouwen, *El Lenguaje del corazón: Un camino hacia tu interior*, ed. Wendy Wilson Greer (Nueva York: Crossroad, 1999), 177-78.

4 de diciembre: Segundo domingo de Adviento

San Benito de Nursia, *Regla de San Benito* (Nueva York: Image Books, 1975), 43.

9 de diciembre: Viernes de la segunda semana de Adviento

Anne Lamott, *Pájaro a pájaro: Algunas instrucciones sobre la escritura y la vida* (Nueva York: Doubleday, 1994), 22.

Thomas Merton, *Pensamientos en la soledad* (Nueva York: Farrar, Straus y Giroux, 1956), 113.

10 de diciembre: Sábado de la segunda semana de Adviento

Matthew Jarvis, OP, 11 de diciembre de 2015, Homilía para el segundo jueves de Adviento, Priorato del Espíritu Santo, Blackfriars, Oxford, https://www.godzdogz.op.org/godzdogz/is-john-the-baptist-elijah.

11 de diciembre: Tercer domingo de Adviento
Padre Theophane Boyd, *Los domingos del monasterio mágico* (Nueva York: Lantern Books, 2002), 20.

14 de diciembre: San Juan de la Cruz, sacerdote y doctor de la Iglesia
Gerard Manley Hopkins, *La grandeza de Dios* (1877).
Christine Valters Paintner, *Earth: Our Original Monastery [La tierra: nuestro monasterio original]* (Notre Dame, IN: Orbis Books, 2020), 22–23.
Paul Quenon, OCSO, *In Praise of a Useless Life: A Monk's Memoir [Elogio de una vida inútil: memorias de un monje]* (Notre Dame, IN: Ave Maria Press, 2018), 42.

15 de diciembre: Jueves de la tercera semana de Adviento
St. Louis Jesuits, compositor Dan Schutte, "Though the Mountains May Fall" [Aunque las montañas puedan derrumbarse] de *Earthen Vessels* (North American Liturgy Resources, 1975).

17 de diciembre: Sábado de la tercer semana de Adviento
Ann Voskamp, *How to Prepare for an Easy Advent [Cómo preparar un Adviento fácil]*, https://annvoskamp.com/2015/11/how-to-prepare-for-an-easy-advent-when-the-first-snow-falls-quiet-on-the-trees-your-family-tree-feels-like-a-mess/.

21 de diciembre: Miércoles de la cuarta semana de Adviento
Juliana de Norwich, *Revelaciones del amor divino*, capítulo 32.

24 de diciembre: Sábado de la cuarta semana de Adviento (Nochebuena)
Thomas Merton, *Pensamientos en la soledad* (Nueva York: Farrar, Straus and Giroux, 1956, 1958), 79.

25 de diciembre: La Natividad del Señor (Navidad)
San Benito de Nursia, *Regla de San Benito* (Nueva York: Image
    Books, 1975), Prólogo.

28 de diciembre: Los Santos Inocentes, mártires
Leonard Cohen, "Anthem" (himno), de *The Future* (Columbia
    Records, 1992).

**31 de diciembre: Séptimo día de la Octava de la Natividad
del Señor**
U2, compositores Adam Clayton, Dave Evans, Larry Mullen,
    Paul Hewson, "Grace" de *All That You Can't Leave Behind
    [Todo lo que no puedes dejar detrás]* (Island/Interscope Records,
    2000).
Catecismo de la Iglesia Católica, 2ª ed. (Conferencia de Obispos
    Católicos de los Estados Unidos—Libreria Editrice Vaticana,
    1997), 1996.

4 de enero: Santa Isabel Ana Seton, religiosa
Dorothy Day, *Panes y peces* (Nueva York: Harper & Row, 1963).

8 de enero: La Epifanía del Señor
Papa Francisco, Homilía de la Epifanía, 6 de enero de 2021,
    Basílica de San Pedro, https://www.vatican.va/content
    /francesco/es/homilies/2021/documents/papa-francesco
    _20210106_omelia-epifania.html
James Martin, SJ, *America Magazine*, 14 de enero de 2019, https:
    //www.americamagazine.org/faith/2019/01/14/james
    -martin-sj-why-was-jesus-baptized-232624.